Amine Mezni
Leila Samia Smiri
Adnen Mlayah

Synthèse de Nanoparticules Métalliques Vers la Nanomédecine

Amine Mezni
Leila Samia Smiri
Adnen Mlayah

Synthèse de Nanoparticules Métalliques Vers la Nanomédecine

État de l'art : synthèse de nanoparticules d'or, plasmonique, sers et applications

Presses Académiques Francophones

Impressum / Mentions légales
Bibliografische Information der Deutschen Nationalbibliothek: Die Deutsche Nationalbibliothek verzeichnet diese Publikation in der Deutschen Nationalbibliografie; detaillierte bibliografische Daten sind im Internet über http://dnb.d-nb.de abrufbar.
Alle in diesem Buch genannten Marken und Produktnamen unterliegen warenzeichen-, marken- oder patentrechtlichem Schutz bzw. sind Warenzeichen oder eingetragene Warenzeichen der jeweiligen Inhaber. Die Wiedergabe von Marken, Produktnamen, Gebrauchsnamen, Handelsnamen, Warenbezeichnungen u.s.w. in diesem Werk berechtigt auch ohne besondere Kennzeichnung nicht zu der Annahme, dass solche Namen im Sinne der Warenzeichen- und Markenschutzgesetzgebung als frei zu betrachten wären und daher von jedermann benutzt werden dürften.

Information bibliographique publiée par la Deutsche Nationalbibliothek: La Deutsche Nationalbibliothek inscrit cette publication à la Deutsche Nationalbibliografie; des données bibliographiques détaillées sont disponibles sur internet à l'adresse http://dnb.d-nb.de.
Toutes marques et noms de produits mentionnés dans ce livre demeurent sous la protection des marques, des marques déposées et des brevets, et sont des marques ou des marques déposées de leurs détenteurs respectifs. L'utilisation des marques, noms de produits, noms communs, noms commerciaux, descriptions de produits, etc, même sans qu'ils soient mentionnés de façon particulière dans ce livre ne signifie en aucune façon que ces noms peuvent être utilisés sans restriction à l'égard de la législation pour la protection des marques et des marques déposées et pourraient donc être utilisés par quiconque.

Coverbild / Photo de couverture: www.ingimage.com

Verlag / Editeur:
Presses Académiques Francophones
ist ein Imprint der / est une marque déposée de
OmniScriptum GmbH & Co. KG
Heinrich-Böcking-Str. 6-8, 66121 Saarbrücken, Deutschland / Allemagne
Email: info@presses-academiques.com

Herstellung: siehe letzte Seite /
Impression: voir la dernière page
ISBN: 978-3-8416-2817-6

Copyright / Droit d'auteur © 2013 OmniScriptum GmbH & Co. KG
Alle Rechte vorbehalten. / Tous droits réservés. Saarbrücken 2013

Université de Toulouse

THÈSE

En vue de l'obtention du

DOCTORAT DE L'UNIVERSITÉ DE TOULOUSE

Délivré par :
Université Toulouse III - Paul Sabatier
Discipline ou spécialité :
Nanophysique

Présentée et soutenue par :
Amine MEZNI
Le 21 Novembre 2013

Titre :

Synthèse et Caractérisation de Nanoparticules Métalliques Vers la Nanomédecine

JURY
Pr. ABDELGHANI Adnane (INSAT/ Tunis)
Pr. ABID Younes (LPA/ Sfax-Tunisie)
Pr. CHAUDRET Bruno (LPCNO/ Toulouse)
Pr. LAMY DE LA CHAPELLE Marc (LCSPBAT/ Paris)
Pr. MLYAH Adnen (CEMES/ Toulouse)
Pr. SMIRI Leila Samia (UR-SSN/ Bizerte-Tunisie)
Pr. TREGUER-DELAPIERRE Mona (ICMCB/ Bordeaux)

Ecole doctorale : Sciences de la Matière (SDM)
Unité de recherche : (CEMES/CNRS)
Directeur(s) de Thèse : Pr. Adnen MLAYAH & Pr. Leila Samia SMIRI
Rapporteurs :
Pr. Adnane ABDELGHANI (INSAT/ Tunis)
Pr. Marc LAMY DE LA CHAPELLE (LCSPBAT/ Paris)

Remerciements

En préambule, je souhaite adresser mes remerciements les plus sincères à toutes les personnes qui ont contribué à la réussite de cette thèse.

Je remercie tout d'abord chaleureusement mes deux directeurs de thèse, Pr. **Leila Samia Smiri** et Pr. **Adnen Mlayah**, pour leur confiance et leur soutien au cours de ces trois années de thèse. Je suis vraiment heureux d'avoir pu passer ces années en votre compagnie, ce fut pour moi un enrichissement exceptionnel tant d'un point de vue humain que scientifique.

J'adresse également mes remerciements aux Professeurs **Adnane Abdelghani** et **Marc Lamy de la Chapelle** pour avoir accepté de faire partie du jury de cette thèse en temps que rapporteurs.

Je tiens également à remercier Pr. **Younes Abid** Ainsi que Pr. **Bruno Chaudret**, pour avoir accepté d'examiner ce travail. Merci aussi au Pr. **Mona Treguer-Delapierre** d'avoir accepté de participer au jury.

Mes remerciements à **Virginie Serin**, **Bénédicte Warot-Fonrose** et **Sébastien Joulie** pour leur aide précieuse dans les expériences d'imagerie et de spectroscopie en microscopie Électronique. Je remercie aussi **Antoine Zwick** de m'avoir assisté dans certaines expériences de diffusion Raman.

Merci à l'Université de Carthage et au Ministère de l'Enseignement Supérieur et de la Recherche Scientifique-Tunisie pour le financement de ce projet.

Merci à toutes et tous !

Dédicace

A mes parents, à mon frère, à mes sœurs

A tous ceux qui compte pour moi...

Amine MEZNI

Table des matières

Introduction Générale et Objectifs 1

Chapitre I
Etat de l'art : Synthèse de Nanoparticules d'or, Plasmonique et Applications

I. Introduction 7
II. Synthèse des nanoparticules d'or 7
   II.1. Mécanismes de stabilisation des nanoparticules d'or 9
      II.1.1. Stabilisation électrostatique 9
      II.1.2. Stabilisation stérique 9
      II.1.3. Stabilisation « électrostérique » 9
   II.2. Nanoparticules d'or stabilisées par effet électrostatique 10
      II.2.1. Méthode de Turkevich : L'ion citrate à la fois agent réducteur et stabilisant ... 10
      II.2.2. L'ion citrate comme agent stabilisant 10
   II.3. Nanoparticules d'or stabilisées par effet stérique 11
      II.3.1. Le cluster Au_{55} de Schmid et les ligands phosphorés 11
      II.3.2. Méthode de Brust-Schiffrin : Stabilisation par des thiols 12
      II.3.3. Stabilisation par d'autres ligands 13
      II.3.4. Nanoparticules d'or stabilisées par des Polymères 13
   II.4. Nanoparticules d'or stabilisées par effet « électrostérique » ... 14
      II.4.1. Croissance à partir de germes ("seeding-growth") 14
      II.4.2. Synthèse en milieu polyol 16
   II.5. Biosynthèse et « chimie verte » 16
      II.5.1. Extraits de source naturelle 17
      II.5.2. Le chitosane 17
      II.5.3. Les micro-organismes 18
III. Propriétés optiques des nanoparticules d'or : Effet plasmon 19
   III.1. Bande plasmon de surface 19
   III.2. Influence de la taille des particules 20
   III.3. Influence du milieu environnant 21
   III.4. Influence de la forme des particules 21
IV. Applications 22
   IV.1. Applications dans le domaine de l'optique 23
      IV.1.1. Coloration de verres ou d'autres matériaux 23
      IV.1.2. Vers les biocapteurs 24
   IV.2. Applications en catalyse 24
   IV.3. Nanoparticules d'or en biologie : diagnostic, thérapie et toxicité ... 24
      IV.3.1. Agents de contraste pour la localisation des tumeurs ... 25
      IV.3.2. Radiosensibilisation par des nanoparticules d'or 25
      IV.3.3. Thérapie par photothermie 26
      IV.3.4. Chimie de surface des nanoparticules d'or et vectorisation ... 26
      IV.3.5. Toxicité des nanoparticules d'or 26
V. Conclusion 27
VI. Références bibliographiques 28

Chapitre II
Synthèse et Caractérisation de Nanotriangles d'or, Etude SERS et Hyperthermie

I. Introduction 34
II. Synthèse de nanoparticules d'or en milieu polyol : contrôle de la forme 34
   II.1. Montage et protocole général de synthèse 35
   II.2. Synthèse et caractérisation des nanoparticules d'or en milieu polyol 36
      II.2.1. Le TREG solvant et le PVP_{K30} surfactant 36
      II.2.2. Autres Synthèses 39
         II.2.2.1. Synthèse et caractérisation des nanoparticules d'or dans le TREG en présence du PVP_{K10} 40
         II.2.2.2. Synthèse et caractérisation des nanoparticules d'or dans le 1,3 propanediol en présence du PVP_{K30} 41
   II.3. Conclusion 43
III. Propriétés Plasmoniques et Spectroscopie de Diffusion Raman 44
   III.1. Spectroscopie d'extinction de la solution colloïdale : mesure et simulations 44
   III.2. Spectroscopie de diffusion Rayleigh de nano-objets isolés 45
   III.3. Diffusion Raman Exaltée de Surface (SERS) 47
   III.4. Fluctuations temporelles de l'intensité SERS 48
   III.5. Modes de vibrations du PVP et du TREG libres 50
   III.6. Attributions des raies vibrationnelles observées en SERS 54
   III.7. Dynamique de l'interaction molécules-nanoparticule 60
   III.8. Mécanismes chimiques photo-induits et interaction molécule-nanoparticule ... 65
   III.9. Conclusion 66
IV. Etude préliminaire du pouvoir hyperthemique des nanoparticules synthétisées 68
V. Références bibliographiques 73

Chapitre III
Synthèse de Nanoparticules Hybrides Au-Fe_3O_4 : Propriétés Plasmoniques, SERS et Transition de Phase

I. Introduction 77
II. Synthèse de nanoparticules hybrides Au-Fe_3O_4 77
   II.1. Travaux antérieurs 77
   II.2. Élaboration et caractérisations de NPs Au-Fe_3O_4 en milieu polyol 82
      II.2.1. Montage et protocole général de synthèse 82
      II.2.2. Caractérisation structurales et microstructurales des particules élaborées ... 83
         II.2.2.1. Analyse par Microscopie électronique en transmission (MET) : Taille et distribution en taille des particules 83
         II.2.2.2. Analyse par spectrométrie par dispersion d'énergie X (EDX) : composition chimique 84
      II.2.3. Résultats et discussions 84
      II.2.4. Synthèse de nanoparticules Au-Fe_3O_4 en présence du ligand citrate 87
         II.2.4.1. Protocole et résultats expérimentaux 87
         II.2.4.2. Discussion 88
III. Propriétés Plasmoniques et Diffusion Raman Exaltée de Surface (SERS) 89
   III.1. Propriétés Plasmoniques 89
   III.2. Diffusion Raman Exaltée de Surface (SERS) 91
IV. Transition de phase 98
V. Estimation de la temperature à la surface des particules Au-Fe_3O_4 101
VI. Conclusion 102
VII. Références bibliographiques 104

Chapitre IV
Synthèse de Nanoparticules Hybrides Au-ZnO pour la Photocatalyse

- I. Introduction 108
- II. Aperçu bibliographique 108
- III. Synthèse de nanoparticules hybrides Au-ZnO 113
  - III.1. Synthèse et caractérisation de nanocristaux (NCs) d'oxyde de zinc en milieu polyol 114
    - III.1.1. Protocole expérimental 114
    - III.1.2. Caractérisations structurales et microstructurales 114
      - III.1.2.1. Analyse par diffraction des rayons X (DRX) 114
      - III.1.2.2. Analyse par Microscopie électronique en transmission (MET) et par spectroscopie de perte d'énergie d'électrons (EELS) 115
    - III.1.3. Mécanisme de formation des nanocristaux (NCs) d'oxyde de zinc 116
    - III.1.4. Propriétés optiques des NPs de ZnO, effets de taille 117
      - III.1.4.1. Analyse par spectroscopie d'absorption UV 117
      - III.1.4.2. Propriétés de photoluminescence (PL) 119
- IV. Élaboration et caractérisations de nanoparticules hybrides Au-ZnO 120
  - IV.1. Caractérisations structurales et microstructurales 121
    - IV.1.1. Analyse par diffraction des rayons X (DRX) 121
    - IV.1.2. Analyse par microscopie électronique et spectrométrie par dispersion d'énergie X (EDX) 122
  - IV.2. Mécanisme chimique de formation 124
- V. Propriétés optiques des nanoparticules hybrides Au-ZnO 126
  - V.1. Propriétés Plasmoniques 126
  - V.2. Spectroscopie de diffusion Raman 127
- VI. Effet du rapport molaire Zn^{II}/Au^{III} 128
  - VI.1. Analyse par diffraction des rayons X (DRX) 128
  - VI.2. Analyse par microscopie électronique en transmission et EDX 129
- VII. Conclusion 130
- VIII. Références bibliographiques 131

Conclusion Générale et Perspectives 133

Annexes 137

INTRODUCTION GENERALE ET OBJECTIFS

L'intérêt pour les matériaux de taille nanométrique n'a cessé de croître ces vingt dernières années. Cette caractéristique dimensionnelle confère à ces matériaux des propriétés ou des comportements particuliers, utilisés notamment pour de nouvelles applications technologiques. En effet, les nanoparticules possèdent des propriétés magnétiques, optiques, électroniques, catalytiques et biologiques uniques, différentes de celles du matériau massif ou de la molécule, liées à leur taille et à leur forme. Leur champ d'application est par conséquent très vaste.

Les propriétés des nanomatériaux varient notamment selon leur composition chimique, leur taille, leur surface spécifique, l'état de surface, ou encore la forme du nano-objet considéré. De plus, chaque nanomatériau peut être doté d'une réactivité ou d'un comportement différent selon la formulation et la matrice du produit fini qui le contient.

Désormais, les nanomatériaux ne sont plus seulement confinés dans les laboratoires de recherche, mais sont aujourd'hui intégrés dans de nombreux procédés industriels et participent à la composition d'une grande variété de produits ou systèmes utilisés dans la vie courante (crèmes solaires, textiles, aliments, domaine des transports, etc.). Ces nanomatériaux sont présents dans des secteurs aussi variés que le bâtiment, l'automobile, l'emballage, la chimie, l'environnement, l'électronique, le stockage et la production de l'énergie ou la santé.

Il existe une grande variété de nanomatériaux (métaux, oxydes métalliques, silicium, carbone,...). Parmi ces nanomatériaux, les nanoparticules d'or sont les plus anciennes, elles sont utilisées depuis longtemps avant même la définition du terme "nano". Un exemple célèbre est la coupe de Lycurgue d'époque romaine, qui possède des propriétés optiques particulières (éclairée de l'intérieur, elle apparaît verte ; éclairée de l'extérieur, elle apparaît rouge) dues à la présence des nanoparticules d'or.

Les nanoparticules d'or ont suscité de tout temps beaucoup d'intérêt et de curiosité, et les recherches dans cet axe se sont considérablement accélérées durant ces dernières années en raison de leurs applications en optique (liées à leur absorption plasmonique), en catalyse et en nanomédecine (diagnostic et thérapie). Les nanoparticules d'or représentent en effet des outils parfaitement adaptés non seulement par leur synthèse aisée mais aussi par leurs grandes capacités de fonctionnalisation (voire de multi-fonctionnalisation) en surface, par greffage de molécules soufrées ou aminées, de molécules biologiques, anticorps,...

Cependant, les particules nanométriques d'or sont uniquement stables d'un point de vue cinétique et tendent à s'agglomérer imposant l'utilisation d'un agent de stabilisation. Le choix de ces stabilisants, présents à la surface métallique, permet d'une part de contrôler la

Introduction générale et objectifs

taille, la forme, la composition de la surface et d'autre part de moduler la sélectivité chimique de ces nanoparticules dans le cas des réactions de fonctionnalisation surtout en biologie.

Une nouvelle classe de matériaux, dits « nanohybrides », est caractérisée par la combinaison de plusieurs matériaux inorganiques dans une même particule (nanocomposites). L'intérêt pour ces nanocomposites n'a cessé de croître depuis plusieurs décennies, grâce aux progrès soutenus des techniques de fabrication. Ces assemblages d'au moins deux matériaux nanométriques non miscibles possèdent des propriétés qui vont au-delà de celles de chacun des constituants. L'organisation de ces nanocomposites apporte des propriétés supplémentaires de type optique, électrique ou magnétique. Ces nanohybrides sont généralement monophasés ou associés (cœur/coquille) qui peuvent être fonctionnalisés en surface grâce à des liaisons chimiques stables entre la particule et des composés organiques ou molécules biologiques. Leur intérêt majeur est d'allier les propriétés de la matrice inorganique (optiques, magnétiques…) à celles de molécules organiques par des greffages de surface (fluorescence, activation biologique…). Cette association devrait permettre de contrôler et de modifier les propriétés optiques et la réactivité chimique du matériau tout en générant des propriétés spécifiques.

Dans ce contexte, les objectifs de ce travail de thèse sont orientés vers la synthèse par voie chimique de nanoparticules d'or et de nanoparticules hybrides semi-conducteur/métal et magnétique/métal, ainsi que vers l'étude de leurs propriétés plasmonique et leur utilisation en hyperthermie et en photo-catalyse.

- Le **premier chapitre** de ce manuscrit, consacré à une mise au point bibliographique sur les nanoparticules d'or, décrira les stratégies de synthèse les plus courantes ainsi que les propriétés optiques de ces particules et leurs différents domaines d'applications.
- Le **second chapitre** est consacré à la synthèse des nanoparticules d'or par la méthode polyol, ainsi qu'à leurs caractérisations structurales et microstructurales. Nous décrirons la méthodologie suivie pour la fabrication de nanotriangles d'or ainsi que leurs caractéristiques qui ont essentiellement été déterminées par spectroscopie UV/Visible et par microscopie électronique en transmission. Nous étudions par la suite leurs propriétés plasmonique et de diffusion Raman exaltée de surface (SERS en anglais pour Surface Enhanced Raman Scattering). Seront présentées dans ce chapitre des mesures des fluctuations temporelles du signal SERS effectuées sur nano-objets

uniques. L'analyse des données expérimentales s'appuie sur des calculs de dynamique vibrationnelle menés par la méthode de la fonctionnelle de densité (DFT en anglais pour Density Functional Theory). Cette approche expérience/théorie éclaire la dynamique des interactions molécules-nanoparticule. Des mesures d'hyperthermie optique, permettant de tester le pouvoir chauffant des nanoparticules d'or élaborées, complètent ce chapitre.

- Dans un **troisième chapitre**, sera abordée la synthèse en milieu polyol de nanoparticules hybrides Au-Fe_3O_4. Leurs propriétés plasmoniques sont étudiées expérimentalement par spectroscopie d'absorption optique et modélisées par des simulations s'appuyant sur une résolution numérique des équations de Maxwell en milieu confiné (approche DDA en anglais pour Discrete Dipole Approximation). Des expériences de diffusion Raman SERS dynamique réalisées sur les nanoparticules hybrides Au-Fe_3O_4 seront présentées dans ce chapitre. Ces expériences révèlent la structure fine des nanoparticules Fe_3O_4 autour du cœur métallique. Est également présentée dans ce chapitre une étude SERS de la transition de phase structurale des nanoparticules de Fe_3O_4 de la phase magnétite (Fe_3O_4) à la phase hématite (α-Fe_2O_3). Cette transition de phase étant induite ici par le cœur métallique agissant comme une nano-source de chaleur.

- Le **quatrième chapitre** est consacré à la synthèse en milieu polyol de nanoparticules de ZnO et de nanoparticules hybrides Au-ZnO. Les nanoparticules sont caractérisées par microscopie électronique et par spectroscopie de perte d'énergie d'électrons. Le ZnO est un semiconducteur à grand gap et un excellent candidat pour la photo-catalyse. Associé à l'or ses propriétés photo-catalytiques sont susceptibles d'être exaltées. Les propriétés plasmoniques des nanoparticules hybrides Au-ZnO sont étudiées par spectroscopie d'absorption et par simulations numériques utilisant le modèle DDA.

CHAPITRE I
ÉTAT DE L'ART : SYNTHÈSE DE NANOPARTICULES D'OR, PLASMONIQUE ET APPLICATIONS

Sommaire

- I. Introduction 7
- II. Synthèse des nanoparticules d'or 7
  - II.1. Mécanismes de stabilisation des nanoparticules d'or 9
    - II.1.1. Stabilisation électrostatique 9
    - II.1.2. Stabilisation stérique 9
    - II.1.3. Stabilisation « électrostérique » 9
  - II.2. Nanoparticules d'or stabilisées par effet électrostatique 10
    - II.2.1. Méthode de Turkevich : L'ion citrate à la fois agent réducteur et stabilisant 10
    - II.2.2. L'ion citrate comme agent stabilisant 10
  - II.3. Nanoparticules d'or stabilisées par effet stérique 11
    - II.3.1. Le cluster Au_{55} de Schmid et les ligands phosphorés 11
    - II.3.2. Méthode de Brust-Schiffrin : Stabilisation par des thiols 12
    - II.3.3. Stabilisation par d'autres ligands 13
    - II.3.4. Nanoparticules d'or stabilisées par des Polymères 13
  - II.4. Nanoparticules d'or stabilisées par effet « électrostérique » 14
    - II.4.1. Croissance à partir de germes ("seeding-growth") 14
    - II.4.2. Synthèse en milieu polyol 16
  - II.5. Biosynthèse et « chimie verte » 16
    - II.5.1. Extraits de source naturelle 17
    - II.5.2. Le chitosane 17
    - II.5.3. Les micro-organismes 18
- III. Propriétés optiques des nanoparticules d'or : Effet plasmon 19
  - III.1. Bande plasmon de surface 19
  - III.2. Influence de la taille des particules 20
  - III.3. Influence du milieu environnant 21
  - III.4. Influence de la forme des particules 21
- IV. Applications 22
  - IV.1. Applications dans le domaine de l'optique 23
    - IV.1.1. Coloration de verres ou d'autres matériaux 23
    - IV.1.2. Vers les biocapteurs 24
  - IV.2. Applications en catalyse 24
  - IV.3. Nanoparticules d'or en biologie : diagnostic, thérapie et toxicité 24
    - IV.3.1. Agents de contraste pour la localisation des tumeurs 25
    - IV.3.2. Radiosensibilisation par des nanoparticules d'or 25
    - IV.3.3. Thérapie par photothermie 26
    - IV.3.4. Chimie de surface des nanoparticules d'or et vectorisation 26
    - IV.3.5. Toxicité des nanoparticules d'or 26
- V. Conclusion 27
- VI. Références bibliographiques 28

I. Introduction

Les nanoparticules (NPs) d'or sont constituées d'atomes d'or enveloppés d'une couche protectrice (ligands) qui les stabilise et empêche leur agrégation. Structurellement, le cœur métallique présente une géométrie régulière de forme polyédrique composée d'un nombre caractéristique d'atomes (« nombre magique ») [1-5]. Sous la forme nanométrique, l'or constitue une nouvelle classe de matériaux possédant des propriétés optiques, électroniques et chimiques distinctes de l'or à l'état atomique ou de l'or à l'échelle macroscopique. Ceci s'explique par l'augmentation du nombre d'atomes de surface avec la diminution de la taille des particules. Les atomes de surface ont un faible nombre de coordination par rapport aux atomes de cœur et sont par conséquent plus réactifs. Néanmoins, la propriété intrinsèque la plus remarquable des NPs d'or reste indubitablement la résonance plasmonique de surface (SPR). La SPR, qui sera développée plus en détail dans le paragraphe "III", représente classiquement l'oscillation collective des électrons d'une nanoparticule face à une onde électromagnétique (lumière). L'interaction de la lumière avec les NPs d'or engendre une bande d'absorption caractéristique dans le domaine UV-Visible, appelée bande plasmonique. Cette propriété intrinsèque ouvre la possibilité de nouvelles applications dans des domaines très variés comme l'électronique, l'optique, la médecine, le diagnostic biomédical ou tout simplement comme catalyseurs.

II. Synthèse des nanoparticules d'or

Les méthodes de synthèse de NPs d'or peuvent être divisées selon deux approches principales : la voie physique et la voie chimique [6]. La voie physique dite descendante ou « top-down » consiste à fragmenter l'or massif à l'aide de techniques physiques. Citons par exemple, l'ablation laser [7] et l'irradiation ionique [8] qui permettent d'élaborer une large gamme de NPs. L'approche « top-down » permet d'obtenir des quantités de matière importantes mais le contrôle à l'état nanométrique s'avère plus délicat. Par la suite, nous n'aborderons pas ces méthodes. La voie chimique d'association ascendante ou « bottom-up » consiste à élaborer des NPs d'or via l'assemblage d'atomes. Il s'agit de réduire un précurseur d'or par des techniques de chimie douce comme la réduction chimique, sonochimique ou électrochimique. Parmi ces dernières, la réduction chimique est de loin la méthode la plus utilisée pour la synthèse de NPs d'or. Elle permet un meilleur contrôle de la taille et de la morphologie des NPs [6] (Figure 1). De nombreuses méthodes de synthèse de NPs d'or de tailles et de morphologies contrôlées ont été développées, elles se différencient par la nature du solvant et du réducteur ainsi que celle de l'agent stabilisant.

Les 1ér progrès ont été apportés par Turkevitch et coll. en 1951 [9] avec la méthode dite "citrate" améliorée par la suite par les travaux de Fens en 1973 [10] et ceux de Schmid en 1981 [11] qui a réussi à préparer un cluster d'or "Au_{55}-phosphine". Mulvaney et Giersing en 1993 [12] et Schiffrin en 1994 [13] ont présenté les premières synthèses de NPs d'or stabilisées par des ligands thiols.

Nous nous concentrons ici principalement, sur les méthodes de synthèse par réduction chimique, les plus récentes.

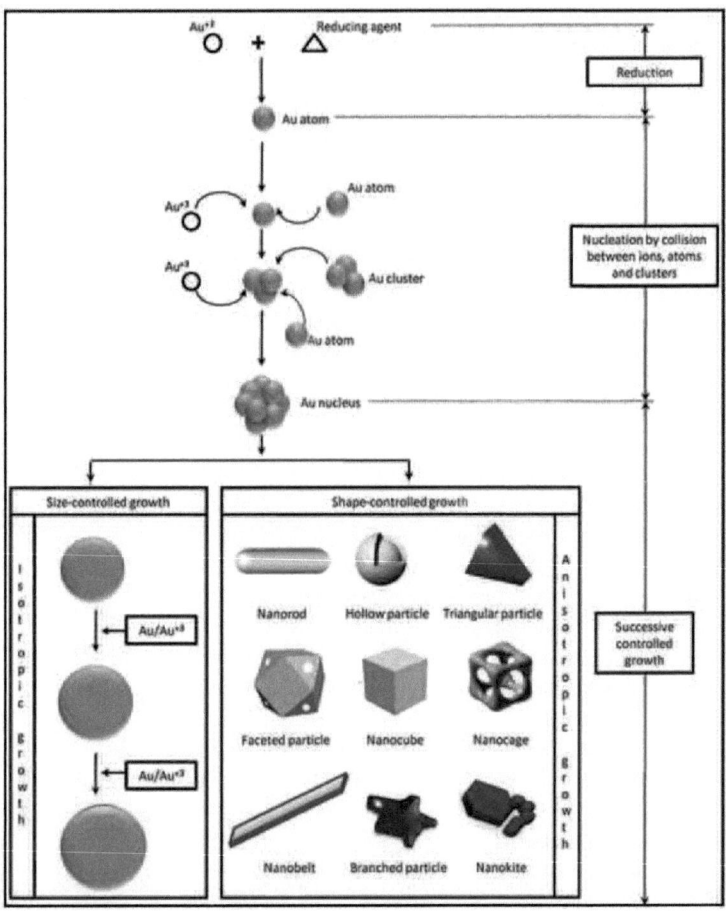

Figure 1. Préparation par réduction chimique de nanoparticules d'or de tailles et de diverses formes [6].

II.1. Mécanismes de stabilisation des nanoparticules d'or

Pour éviter l'agrégation des NPs d'or lors de leur préparation, l'utilisation d'un agent stabilisant dans le milieu réactionnel est nécessaire. De plus, la présence d'un agent stabilisant à la surface d'or a pour effet de contrôler la taille et la forme des particules. Trois mécanismes de stabilisation sont proposés : la stabilisation électrostatique, la stabilisation stérique et la stabilisation « électrostérique » (la somme des deux mécanismes précédents) (Figure 2).

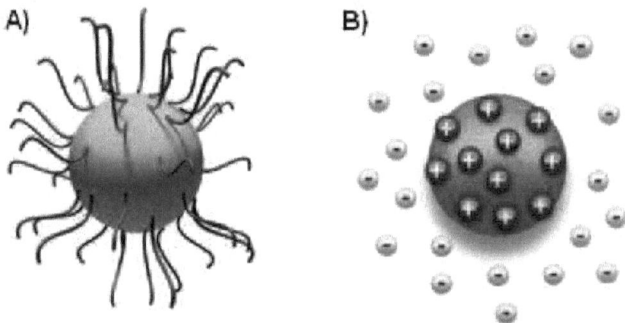

Figure 2. Représentation schématique de la stabilisation stérique (A) et électrostatique (B).

II.1.1. Stabilisation électrostatique

La stabilisation électrostatique des colloïdes est donnée généralement par la théorie de Derjaguin, Landau, Verwey, Overbeek (DLVO). Elle suggère que la stabilité d'une particule dans une solution est dépendante de l'énergie d'interaction totale (forces d'attraction de Van der Waals et forces de répulsion). En effet, la stabilisation électrostatique est le résultat essentiellement de l'adsorption de molécules chargées à la surface des NPs d'or, ce qui entraîne une répulsion entre les particules de même charge.

II.1.2. Stabilisation stérique

La répulsion stérique est un autre moyen de protéger les NPs d'or. En effet, les ligands organiques (polymères) ou de macromolécules (copolymères, dendrimères) adsorbés à la surface d'or forment une couche protectrice qui diminue la réactivité de surface des NPs d'or. Contrairement à la stabilisation électrostatique (en milieux aqueux), la stabilisation stérique est efficace en milieu organique ou aqueux.

II.1.3. Stabilisation « électrostérique »

La stabilisation électrostérique est la combinaison des deux précédents mécanismes de stabilisation. Les ligands couramment employés sont généralement des composés organiques chargés qui bénéficient à la fois de l'effet de cette charge et de l'effet d'encombrement stérique. Les molécules les plus utilisées sont les polymères chargés et les tensioactifs.

II.2. Nanoparticules d'or stabilisées par effet électrostatique

II.2.1. Méthode de Turkevich : L'ion citrate à la fois agent réducteur et stabilisant

Une méthode couramment utilisée et la plus souvent citée dans la littérature pour synthétiser une solution colloïdale de nanoparticules d'or en milieu aqueux est la méthode de Turkevich [9]. Ce procédé, mis au point par John Turkevich en 1951 permet l'obtention de NPs d'or d'environ 20 nm. La voie de synthèse est illustrée à la Figure 3. Elle consiste à chauffer jusqu'à l'ébullition, une solution aqueuse d'acide chlorhydrique contenant un complexe d'or $HAuCl_4$ puis à rajouter une solution de citrate de sodium utilisé comme agent réducteur. L'ébullition est maintenue pendant au moins 30 minutes sous agitation. Les ions citrate en solution s'adsorbent à la surface des particules pour créer une couche chargée négativement, ceci introduit une répulsion électrostatique entre ces particules empêchant leur agrégation et permettant ainsi leur stabilisation.

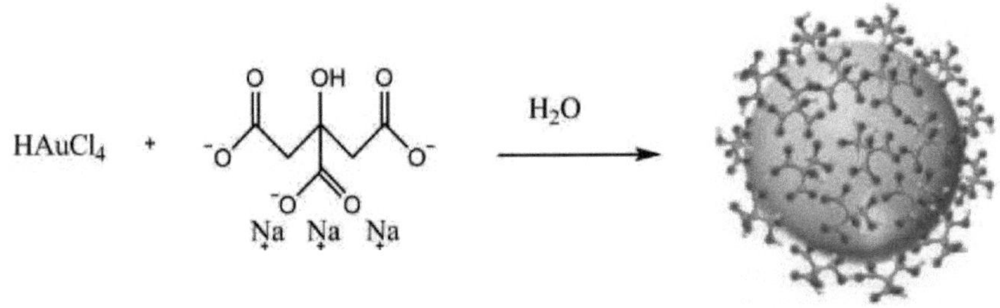

Figure 3. Méthode de Turkevich pour synthétiser des solutions colloïdales d'or.

En adoptant ce procédé mais en modifiant le rapport or/citrate de sodium, Frens [10] obtiendra des NPs dont la taille varie entre 15 et 150 nm. Une grande concentration de citrate permet de stabiliser plus rapidement des NPs d'or de faible taille, tandis qu'une faible concentration de citrate favorise la formation de grosses particules et conduit même à l'agrégation de ces NPs d'or.

II.2.2. L'ion citrate comme agent stabilisant

En général, l'ion citrate joue un rôle non seulement comme un agent stabilisant, mais également comme un agent réducteur. Comme indiqué plus haut, en raison du faible pouvoir réducteur de tricitrate de soduim, la préparation des NPs d'or a lieu à l'ébullition. En utilisant un mélange d'acide tannique / citrate (Figure 4), des NPs d'or ont été préparées à 60 °C [14].

Dans ce cas, l'acide tannique joue le rôle de l'agent réducteur au lieu de l'ion citrate. La dimention de la particule est inversement proportionnelle à la quantité d'acide tannique utilisée. Cette méthode permet donc la préparation de solutions colloidale de nanoparticules monodisperses et de taille très variable par simple modification du rapport acide tannique (réducteur rapide)/citrate de sodium (réducteur lent).

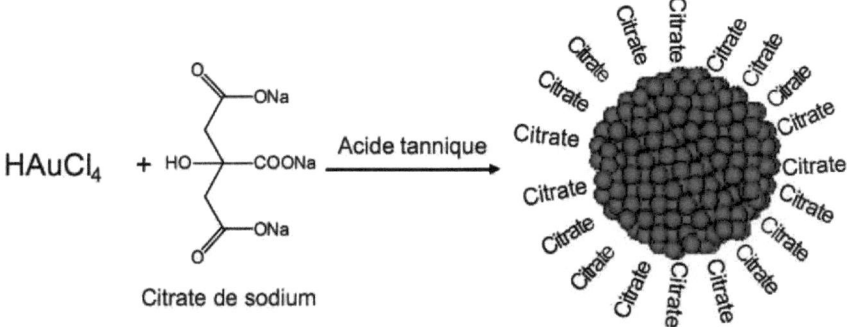

Figure 4. Synthèse de nanoparticules d'or par la voie citrate/acide tannique.

Lorsque la solution aqueuse de citrate de sodium est remplacée par un mélange NaBH$_4$/citrate, des NPs d'or sont formées à la température ambiante. Le tétraborure de sodium NaBH$_4$ agit dans ce cas comme agent réducteur puissant [15].

II.3. Nanoparticules d'or stabilisées par effet stérique
II.3.1. Le cluster Au55 de Schmid et les ligands phosphorés

L'agrégat (cluster en anglais) Au$_{55}$, introduit par Günter Schmid en 1981 [16], occupe une place particulière dans l'histoire des NPs. Ce sont des cuboctaèdres parfaits de 1,4 nm de diamètre contenant exactement 55 atomes d'or. Il s'agit d'un bel exemple d'agrégat à couche entière et qui est un représentant d'une famille plus vaste d'assemblages construits à partir d'un atome central, entouré d'une ou plusieurs couches atomiques complètes. La formule de cet agrégat a été définie comme étant [Au$_{55}$(PPh$_3$)$_{12}$Cl$_6$], correspondant à un empilement de deux couches entourant l'atome central (Figure 5).

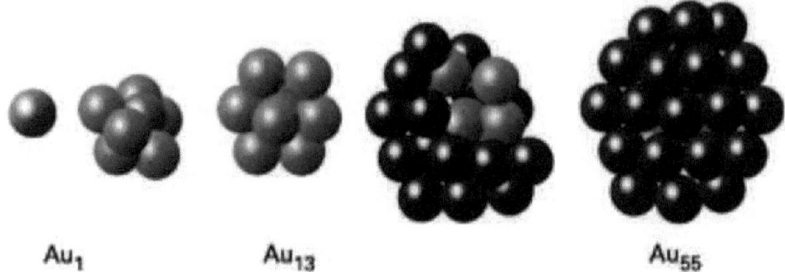

Figure 5. Différents agrégats d'or [16].

II.3.2. Méthode de Brust-Schiffrin : Stabilisation par des thiols

Les thiols restent le stabilisant le plus employé pour les nanoparticules d'or de n'importe quelle taille du fait de l'importance de la force de la liaison Au-S. La stabilisation des NPs d'or par des thiols fut pour la première fois, publiée en 1993 par Mulvaney et Giersig [12] qui démontraient la possibilité d'utiliser des thiols de chaînes carbonées de différentes longueurs. Les thiols sont liés de façon covalente à la surface métallique.

En 1994, Brust et Schiffrin proposèrent une méthode de synthèse de NPs d'or non plus en solution aqueuse mais en milieu organique en présence d'alcanethiols et qui révolutionna le monde des nanotechnologies [13]. En effet, les NPs d'or obtenues par cette méthode simple étaient d'une part, stables thermiquement et par rapport à l'air et d'une taille jamais obtenue jusque là (1,5 à 5,2 nm) ce qui permettait leur redispersion dans de nombreux solvants organiques sans agrégation irréversible. Cette stabilité augurait donc une grande facilité de manipulation et une grande variété d'application avec une grande flexibilité de caractérisation.

La méthode Brust-Schiffrin a été par la suite améliorée. En 1995, des NPs d'or stabilisées par le p-mercaptophénol ont été synthétisées dans une solution de méthanol sans le recours à un agent de transfert de phase (TAOB) [17]. En effet, le méthanol est un excellent solvant pour la synthèse dans un système monophasé. En adoptant cette procédure monophasique, Brust et coll. [18] ont réussi à préparer des NPs d'or de taille inférieure à 10nm, biocompatibles et solubles dans l'eau en utilisant le (1-mercaptoundec-11-yl) tétraéthylène glycol. Ceci a ouvert la voie à l'élaboration de NPs d'or enrobées de polyéthylène glycols-thiol (PEGs) qui présentent un intérêt biomédical [19,20].

II.3.3. Stabilisation par d'autres ligands

Plusieurs ligands autres que les thiols et les ligands phosphorés ont été utilisés lors de synthèse des NPs d'or. Plus particulièrement, les ligands oxygénés ou azotés contenant des groupements électronégatifs tels que les groupements amines, carboxyliques, carbonyles, et phénols. Les amines ont été les ligands les plus populaires pour synthétiser des NPs d'or en raison de leur présence dans les systèmes biologiques et environnementaux [21-30]. On peut citer les travaux de Ming-Yong Han et Coll. [31], qui ont synthétisé des Nanocrosses d'or (Figure 6-a) en utilisant l'oléylamine servant à la fois comme ligand et solvant. Ces nanoparticules présentent un intérêt dans le domaine thérapeutique dû à leurs propriétés optiques intéressantes.

En utilisant un mélange d'acide oléique (AO) et d'oléylamine (OAM), Mona Mohamed et Coll. [32] ont montré que la taille des NPs d'or sphériques obtenues évolue en fonction du rapport OA/OAM. (Figure 6-b).

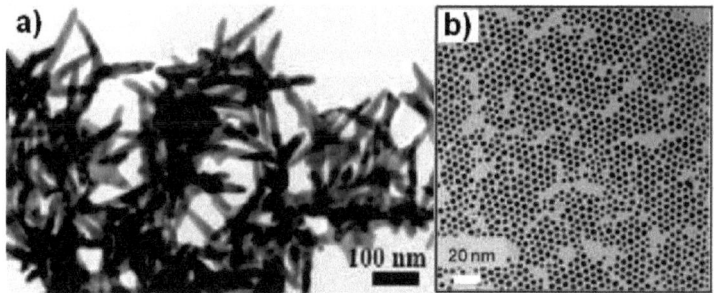

Figure 6. Nanocrosses (a) et nanosphéres d'or (b) préparées dans l'OAM et l'OA/OAM respectivement [31,32].

II.3.4. Nanoparticules d'or stabilisées par des Polymères

La stabilisation des nanoparticules par des polymères [33,34] se classe en deux catégories : une simple adsorption physique, le plus souvent par attraction électrostatique ou un greffage de type covalent des chaînes à la surface de la particule. Dans ce dernier cas, les chaînes de polymères sont généralement immobilisées en surface via des liaisons Au – S.

Trois stratégies de synthèse sont possibles (Figure 7) : la méthode de synthèse directe, où la particule est synthétisée directement en présence du polymère, la méthode "greffé à " ("graft-to") où le polymère portant des groupements thiols est greffé à des particules déjà existantes, et la méthode "greffé à partir de" ("graft-from") où les particules sont fonctionnalisées avec des initiateurs de polymérisation qui permettent la polymérisation du monomère à surface de la nanoparticule.

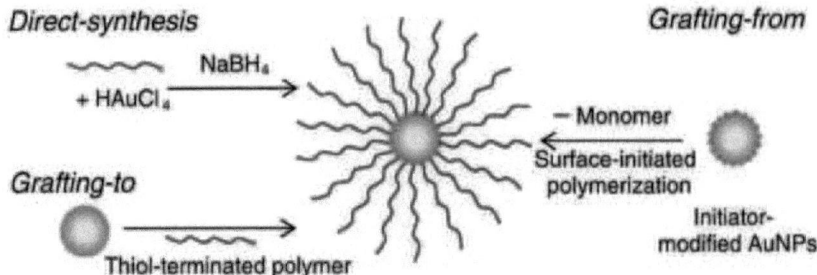

Figure 7. Stratégies de synthèses des nanohybrides basées sur des liaisons covalentes [34].

II.4. Nanoparticules d'or stabilisées par effet « électrostérique »
II.4.1. Croissance à partir de germes ("seeding-growth")

Une synthèse remarquable est la méthode de synthèse à partir des germes dite « seeding-growth» mise au point par le groupe de C. Murphy [35-37] pour produire des bâtonnets d'or (Figure 8,9). Le protocole de synthèse consiste à préparer en premier lieu des particules d'or de faible taille (3,5 ± 0,7 nm) puis les utiliser comme germes de croissance. Les germes obtenus sont ajoutées à une solution contenant un sel d'or ($HAuCl_4$), un réducteur faible (acide ascorbique) et un tensioactif (CTAB). Toute la subtilité de la méthode réside dans le fait que le réducteur est trop faible pour réduire Au(III) en Au(0) : la réduction ne se fait qu'en présence des "germes" ajoutés qui agissent comme catalyseurs. Ceci a pour avantage d'éviter des nucléations indésirables lors de l'étape de croissance.

II. Synthèse des nanoparticules d'or

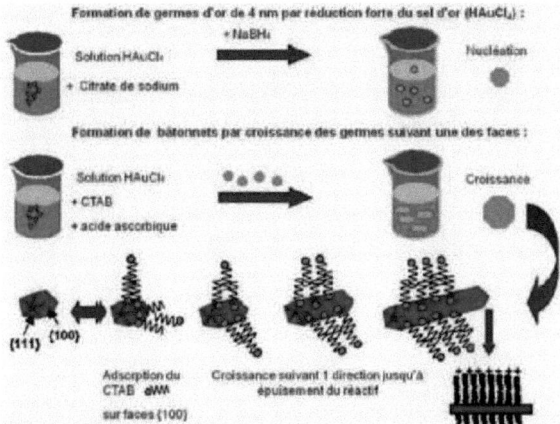

Figure 8. Schéma représentant la synthèse des nanobâtonnets en trois étapes [37].

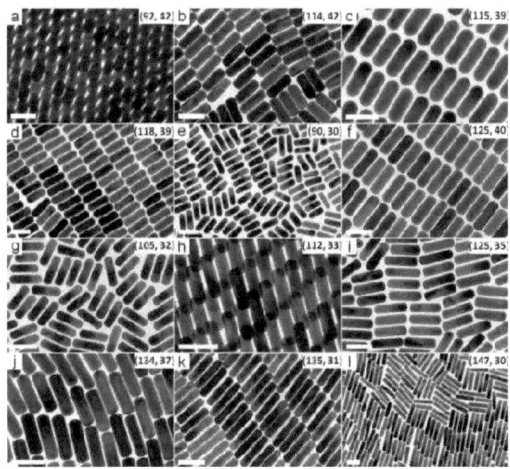

Figure 9. Images MET caractéristique obtenue pour des solutions de nanobâtonnets d'or de différentes taille synthétisés suivant la méthode "seeding-growth" [38]. Echelle 100nm.

L'équipe de M. El-Sayed [39] a aussi notablement amélioré cette méthode en utilisant le CTAB comme agent stabilisant lors de la formation des germes (le citrate de sodium) par et en ajoutant du nitrate d'argent dans la solution de croissance. La présence d'ions Ag^+ améliore le rapport d'aspect des bâtonnets (longueur/diamètre) et surtout augmente considérablement la proportion de bâtonnets.

II.4.2. Synthèse en milieu polyol

Le procédé polyol est une méthode de préparation de particules métalliques par chimie douce. L'intérêt de ce procédé réside dans le rôle multiple du polyol liquide. Il est à la fois le solvant de nombreux cations métalliques, le réducteur, le milieu de croissance des particules solides et dans certains cas un agent complexant des cations métalliques. Le procédé polyol, ayant été utilisé au cours de ce travail, sera étudié plus en détail dans le chapitre suivant.

Des NPs d'or de différentes formes ont été synthétisées avec un bon contrôle de taille et de forme en utilisant l'éthylène glycol comme solvant. D'autres synthèses dans d'autres solvants (tels que le 1,2-Propanediol (PEG), 1,5-Pentanediol (PD), polyethylene glycol 600 (PEG 600) etc) ont été réalisées et aboutissent à des formes intéressantes. On peut citer les travaux de Daeha Seo et coll. [40] qui opèrent dans le 1,5-Pentanediol (PD) pour obtenir des polyèdres d'or (octaédres (88-236 nm), cubes (67-16 nm) et cuboctaèdres (54-122 nm)) en utilisant des germes d'or de forme cubique et octaédrique dés le départ en présence de $AgNO_3$ (Figure 10). Le contrôle des conditions de synthèse (forme des germes utilisés, mode d'ajout des précurseurs etc.) permet de favoriser chaque fois une forme bien précise.

Figure 10. Nanoparticules d'or de formes polyédriques : octaédres (A), cubes (B) et cuboctaèdres (C) synthétisées dans le 1,5-Pentanediol (PD) [40].

En résumé, cette méthode présente plusieurs attraits dont :
- le rôle multiple du polyol qui agit comme solvant, réducteur et surfactant,
- la simplicité de la procédure expérimentale,
- son coût relativement modéré,
- un bon contrôle des caractéristiques morphologiques des particules avec un haut degré de cristallinité.

II.5. Biosynthèse et « chimie verte »

La biosynthèse et la synthèse "verte" sont d'autres domaines remarquables de la chimie pour la préparation des NPs d'or en solution. Dans ces synthèses, la biomolécule agit directement à la fois en tant que stabilisant et agent réducteur. Les sources des préparations bio-vert des NPs d'or sont : les extraits de source naturelle, le chitosane et les microorganismes.

II.5.1. Extraits de source naturelle

En raison de l'abondance des groupements carboxyles, carbonyles, hydroxyles et phénols dans des extraits de sources naturelles, ces derniers peuvent réduire le cation Au^{3+} et stabiliser les NPs d'or ainsi formées via ces groupements. Goia et Marijevic en 1999 [41] ont réussi à synthétiser des NPs d'or stabilisées par le "gomme arabique" (extrait d'une plante naturelle). Par la suite, de nombreux extraits naturels ont été utilisés pour la synthèse des NPs d'or (Tableau 1) [42-44]. Il s'agit tout simplement à rajouter des extraits naturels dans une solution aqueuse d'un sel d'or ($HAuCl_4$) et attendre jusqu'à la variation de la couleur de la solution indiquant la formation de NPs d'or [42].

Tableau.1 Nanoparticules d'or stabilisées par des extraits de source naturelle.

Natural source	Groups for stabilizing AuNPs	Publication year
Gum arabic	phenol	1999
Lemongrass	hydroxyl and carbonyl	2004
Emblica officinalis	carbonyl and phenol	2005
Alove vera plant	carbonyl and phenol	2006
Cinnamomum camphora	carbonyl	2007
Gellan gum	carboxy, carbonyl and phenol	2008
Castor oil	carboxyl	2008
Volvariella volvacea	phenol	2009
Hibiscus	phenol	2010
Bayberry tannin (BT)	phenol and carbonyl	2010
Tannic acid	phenol and carboxyl	2010
Zingiber officinale	carbonyl and phenol	2011

II.5.2. Le chitosane

Le Chitosane, le second polymère naturel le plus abondant dans le monde, est connu sous le nom "chitine désacétylée" (Figure 11). C'est un polymère biocompatible qui présente une bonne solubilité dans l'eau [45,46]. Le chitosane assure la stabilité des NPs d'or via les groupements amine d'une part et par effet stérique. Yoshimura a élaboré pour la première fois des NPs d'or stabilisées par le chitosane en utilisant $NaBH_4$ comme réducteur [46]. En outre, des NPs d'or ont été obtenues en portant un mélange de $HAuCl_4$ et de chitosane à 70°C pendant 2h, le chitosane agissant comme agent stabilisant et réducteur à la fois [47]. Depuis, les NPs d'or stabilisées par le chitosane ont été largement utilisées en catalyse [48] et en biomédecine [49].

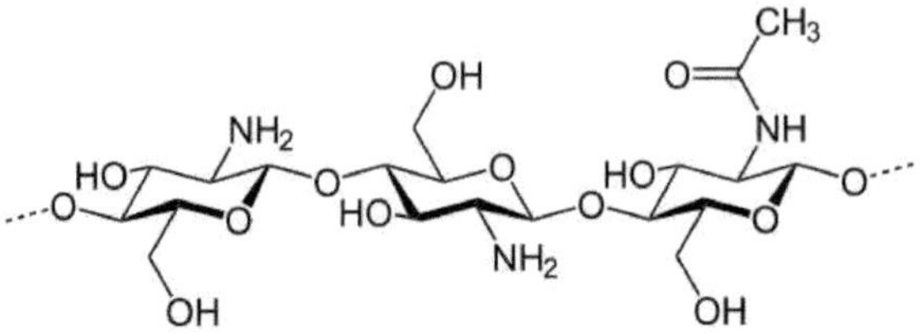

Figure 11. Structure chimique de la chitosane.

II.5.3. Les micro-organismes

La biosynthèse des NPs d'or stabilisées par des microbes a été étudiée depuis plus de trois décennies. En 1980, Beveridge et Murray ont montré que le *Bacillus subtilis* réduit le cation Au^{III} en NPs d'or de taille compris entre 5-25 nm [50]. Jusqu'à présent, quatre classes de micro-organismes ont été utilisés majoritairement pour la synthèse des NPs d'or : les bactéries, les champignons, les actinomycètes et les levures. Le tableau 2 résume les plus récents micro-organismes utilisés pour la synthèse des NPs d'or [51].

Tableau.2 Nanoparticules d'or stabilisées par des micro-organismes.

Type de Micro-organismes	Micro-organismes	Localisation	Taille (nm)	Références
Bactéries	Sulfate-reducing bacteria	intracellulaire	< 10	52
	Shewanella algae	intracellulaire	10-20	53
	Plectonema	intracellulaire	10	54
	Rhodopseudomonas capsulata	intracellulaire	50-400	55
Champignons	Verticillium sp.	intracellulaire	20±8	56
	Fusarium oxysporum	extracellulaire	20-40	57
Actinomycètes	Streptomyces viridogens strain HM10	intracellulaire	18-20	58
	Thermomonospora sp.	extracellulaire	8	59
Levures	Extremophilic Yeasts	intracellulaire	30-100	60
	Yarrowia lipolyrica NCIM 3580	intracellulaire	15	61

La réduction du cation Au^{III} ainsi que la stabilisation des NPs d'or par les micro-organismes se fait via les groupements électronégatifs (carboxyle, amine, thiol, disulfure, etc.) [50].

III. Propriétés optiques des nanoparticules d'or : Effet plasmon

III.1. Bande plasmon de surface

La particule métallique est constituée d'une première bande de valence, (bande des électrons d) des métaux nobles, située juste en dessous de la bande de conduction. Des transitions interbandes entre ces niveaux de cœur peu profond et des niveaux de la bande de conduction, assistées par l'absorption de photons du domaine visible (transitions optiques), sont donc possibles (Figure 12) [62]. La couleur jaune d'or métallique de configuration ($5d^{10}6s^{1} \leftrightarrow 5d^{9}6s^{2}$) résulte de ces transitions interbandes ayant lieu dans le bleu. Lorsque la particule est soumise à un champ électromagnétique ayant une longueur d'onde très grande par rapport à la taille des particules, les électrons de la bande de conduction ont un mouvement d'oscillation collectif (Figure 13) [63]. Quand les deux fréquences (fréquence de l'onde électromagnétique et la fréquence propre d'oscillation) sont égales, on observe un phénomène de résonance appelé : résonance de plasmon de surface. Cette absorption (large et généralement dans le visible) provient de la vibration collective du gaz d'électron à la surface de la nanoparticule et met en jeu les électrons 6s de la bande de conduction de l'or. Lors d'un déplacement collectif du gaz d'électrons, les cations métalliques étant immobiles, il se produit un excès de charges négatives d'un côté du système et un excès de charges positives de l'autre, créant un champ électrique qui aura tendance à ramener le gaz à sa position d'équilibre et ce dernier effectuera des oscillations autour de cette position à la fréquence de plasmon. La résonance de plasmon de surface aura lieu lorsque la longueur d'onde de la radiation incidente sera égale à celle de l'oscillation du gaz d'électron [64]. L'absorption et la résonance sont fonction de la taille de la nanoparticule et de sa forme [63].

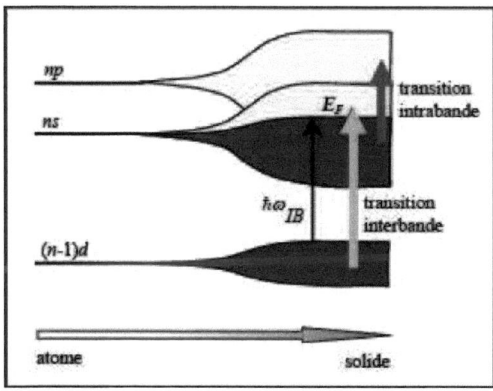

Figure 12. Les différents bandes et transitions caractéristiques des nanoparticules [62].

III. Propriétés optiques des nanoparticules d'or : Effet plasmon

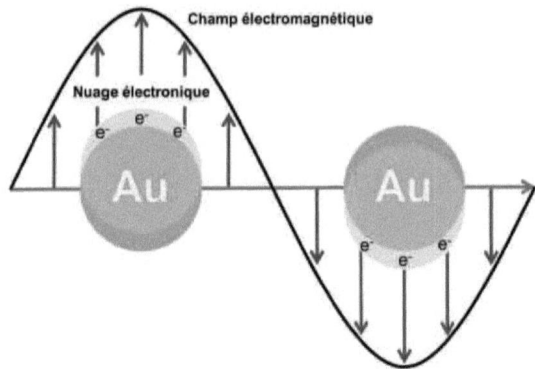

Figure 13. Le mouvement d'oscillation des électrons de la bande de conduction [63].

III.2. Influence de la taille des particules

D' abord pour des tailles plus petites que 3 nm, la résonance de plasmon a tendance à se décaler vers le bleu si bien qu'elle est fortement amortie par les transitions interbandes de l'or. Ainsi, pour des NPs de 2,2 nm, la résonance se décale vers 480 nm et devient à peine détectable. Lorsque la taille dépasse les 80 nm, la section efficace d'absorption se décale légèrement vers le rouge tandis que la diffusion croît rapidement tout en se déplaçant fortement vers les grandes longueurs d'onde. Pour des NPs d'or en solution aqueuse de 100 nm de diamètre, le maximum d'extinction se situe à 580 nm (NPs d'or en solution aqueuse) [65,66]. Généralement, une augmentation du diamètre entraîne un déplacement de ce pic vers le rouge (Figure 14.) ainsi qu'un accroissement de son intensité.

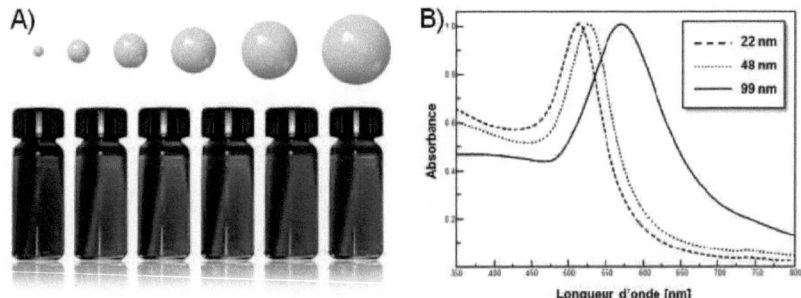

Figure 14. Exemples de différentes couleurs que peuvent présenter les nanoparticules d'or en fonction de l'augmentation de leurs diamètres (A) et Spectres d'absorption de nanoparticules d'or de différents diamètres (B) [67].

III.3. Influence du milieu environnant

La résonance de plasmon dépend du milieu dans lequel les NPs se trouvent plongées par le biais de la constante diélectrique du milieu ε_m comme le montre la formule ci-contre (Tableau 3).

$$\varepsilon_m = 1 - \frac{\omega^2}{\omega_P^2}$$

Où $\omega_p = \sqrt{\frac{ne^2}{\varepsilon_0 m_e}}$ est la fréquence du plasma métallique (n est le nombre d'électrons de charge e, ε_0 la permittivité du vide, et m_e la masse d'un électron).

Tableau 3. Longueurs d'onde de résonance plasmon de particules sphériques de 20 nm de diamètre en fonction de la constante diélectrique du milieu.

Milieu	ε_m	λ_p (en nm)
Air	1	503
Eau	1,77	519
Silice (SiO_2)	2,13	526
Alumine (Al_2O_3)	2,77	541

III.4. Influence de la forme des particules

Le facteur le plus aisément ajustable reste la forme. En effet, suivant la géométrie de la particule, à chaque mode d'oscillation des électrons de surface va correspondre une fréquence de résonance qui va être propre à la géométrie de la particule. Dans le cas de NPs de forme ellipsoïdale, la résonance se dédouble. Ensuite pour des NPs plus exotiques, les résonances peuvent être considérablement déplacées comme le montre la figure ci-dessous (Figure 15).

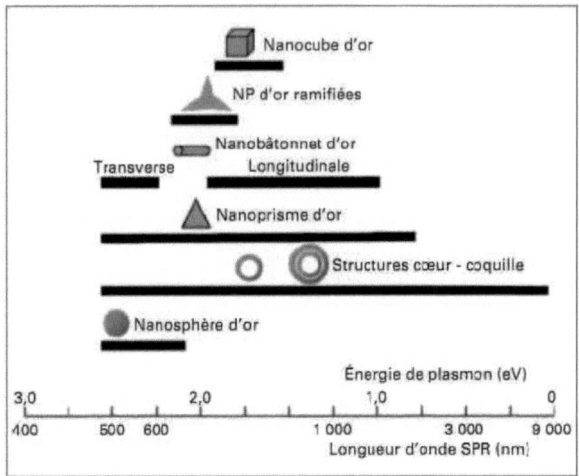

Figure 15. Position de la résonance plasmon pour différentes géométries de NPs d'or [68].

IV. Applications

Les domaines d'applications des NPs d'or sont très variés. Leurs possibilités d'applications sont non seulement liées aux propriétés intrinsèques de leurs cœurs métalliques (propriétés optiques et électroniques ainsi que la variation de ces dernières en fonction de leurs tailles, leurs formes et leurs environnements), mais également à leurs grandes capacités de fonctionnalisation (Figure 16).

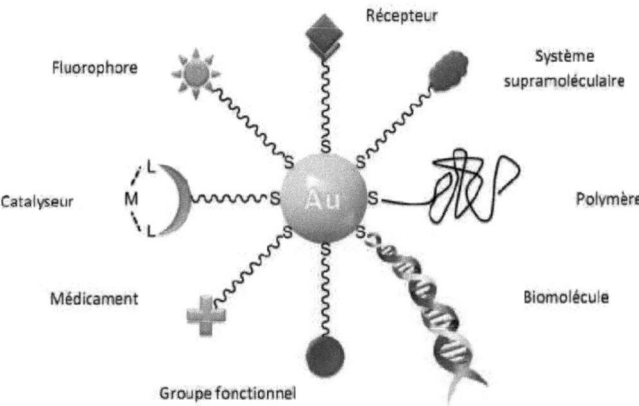

Figure 16. Schématisation d'une nanoparticule d'or aux fonctionnalités multiples pour des applications diverses.

IV. Applications

Ces propriétés particulières des NPs d'or sont utilisées dans de vastes domaines tels que l'optique, la catalyse ou encore la biologie. Dans la suite, nous décrirons certaines de ces applications.

IV.1. Applications dans le domaine de l'optique
IV.1.1. Coloration de verres ou d'autres matériaux

L'inclusion de NPs d'or dans les verres a déjà été utilisée pour colorer des objets décoratifs au IVe siècle de notre ère. C'est le cas de la fameuse coupe de Lycurgus, visible au British Museum à Londres [69], qui contient des NPs d'or et d'argent, de telle sorte que cette coupe apparaît violacée en transmission (source lumineuse derrière la coupe), tandis qu'elle diffuse des reflets verts quand la source lumineuse est située du même côté que l'observateur (Figure 17).

Figure 17. Coupe de Lycurgus. A gauche éclairée en réflexion et à droite en transmission.

Plus récemment, la firme Nippon Paint a proposé d'inclure des NPs d'or dans des peintures automobiles [70]. De même Baccarat, dans sa collection de cristal *Véga* [71], a inclus des NPs d'or pour donner une coloration rouge-rubis profonde (Figure 1).

Figure 18. Verres de couleur «Rubis » de la collection Véga chez Baccarat, couleur obtenue par incorporation de nanoparticules d'or dans la matrice vitreuse.

IV.1.2. Vers les biocapteurs

En plus de leurs propriétés de brillance qui les rendent détectables dans des milieux biologiques, les NPs d'or sont des candidats très intéressants pour des applications de détection grâce à leurs propriétés optiques importantes [72]. La grande sensibilité de l'absorption plasmonique face à des changements de l'environnement local des NPs d'or permet de les utiliser comme capteurs colorimétriques. Un changement de couleur ou du signal UV-Visible peut s'observer en modifiant la distance inter-particules (liaisons avec certaines molécules, modification de la constante diélectrique du milieu) qui affecte directement la position spectrale de la résonance plasmonique. On obtient ainsi une information très localisée autour de la NP par le biais d'une mesure spectroscopique assez simple à mettre en œuvre.

IV.2. Applications en catalyse

Après la démonstration, par Masatake Haruta (Japon) en 1987, de la capacité des petites NPs d'or à catalyser la réaction d'oxydation du monoxyde de carbone en dioxyde de carbone, et ce même à température ambiante, les NPs d'or sont devenues le centre d'une grande activité scientifique. Elles ont démontré des propriétés catalytiques à l'égard de nombreuses réactions chimiques, telles que l'oxydation des alcools en acides ou en aldéhydes, la formation de péroxyde d'hydrogène (eau oxygénée), l'hydrogénation sélective des liaisons C-C et N-O. Ces propriétés vis-à-vis d'un certain nombre de molécules dépendent de quelques paramètres parmi lesquels on peut citer :
- ✓ la taille des particules dans le sens ou les particules de petites tailles possèdent une surface spécifique plus importante qui fournit par conséquent une activité plus élevée ;
- ✓ la coordination des atomes de surface ;
- ✓ et la nature du support car il est indispensable que ce dernier présente une surface spécifique capable de fournir une interaction forte avec les particules.

IV.3. Nanoparticules d'or en biologie : diagnostic, thérapie et toxicité

Une description exhaustive de l'utilisation des NPs d'or dans le domaine de la biologie et de la thérapie serait excessive, car ce domaine de recherche progresse très rapidement ces dernières années. Le cancer est considéré aujourd'hui par l'organisation mondiale de la santé (OMS) comme l'une des principales causes de mortalité dans le monde. Plusieurs axes de recherche sur le cancer se tournent vers l'utilisation des nanoparticules d'or pour le dépistage et le traitement de cette maladie (Figure 19). Seules quelques applications, considérées comme très prometteuses, seront détaillées. L'essentiel de ces applications est recensé dans la publication de Boisselier et Astruc [73].

IV. Applications

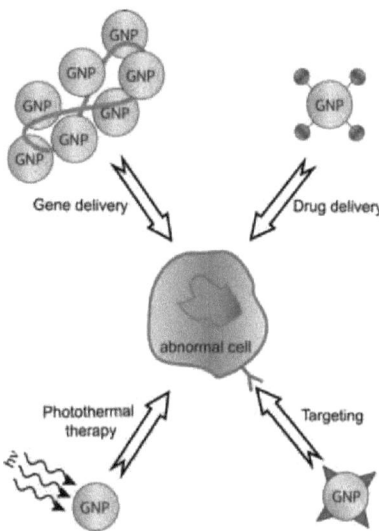

Figure 19. Schéma représentant les différentes applications médicales des nanoparticules d'or.

IV.3.1. Agents de contraste pour la localisation des tumeurs

Les nanoparticules d'or sont détectées par plusieurs techniques essentiellement basées sur leur interaction avec la lumière. En effet, les particules d'or sont considérées comme de bon agent de contraste, puisqu'elles absorbent et diffusent la lumière. En plus des interactions avec la lumière visible, les interactions avec les électrons et les rayons X peuvent aussi être utilisées pour leur visualisation. Les particules d'or diffusent de façon efficace les rayons X et fournissent ainsi un contraste dans l'imagerie des rayons X.

IV.3.2. Radiosensibilisation par des nanoparticules d'or

Parmi les traitements conventionnels des cancers, la radiothérapie occupe une place de choix, qu'elle soit pratiquée seule ou en combinaison avec une chimiothérapie. Cette pratique consiste à irradier la tumeur par des radiations ionisantes, qui sont la plupart du temps des rayons X ou des électrons produits par des accélérateurs linéaires. Même si les radiations sont appliquées localement, sur la tumeur, elles touchent inévitablement des tissus sains situés à proximité de la zone à traiter, y générant des dommages irréversibles. Limiter la dose reçue limiterait les effets secondaires, et il est connu qu'adjoindre un traitement qui permet d'introduire à proximité de la tumeur des éléments à numéro atomique élevé, par exemple l'or, augmente localement la dose d'irradiation administrée à la tumeur.

IV.3.3. Thérapie par photothermie

La thérapie anticancéreuse par hyperthermie permet l'ablation de tumeurs par chauffage, par exemple à l'aide de lasers. À nouveau ces traitements entraînent des lésions irréversibles dans les tissus sains traversés par le laser, d'autant plus importants que la puissance du laser est forte. Pour diminuer la puissance du laser appliqué, un traitement prélable, par exemple l'administration de NPs d'or, peut y être associé. En effet la lumière qu'elles absorbent est rapidement convertie en chaleur, qui augmente l'hyperthermie générée localement par le laser.

IV.3.4. Chimie de surface des nanoparticules d'or et vectorisation

En couplant à la surface des NPs d'or un ligand spécifique, il est possible de diriger la NP vers des cellules tumorales plutôt que vers les cellules saines. De même chaque organe est constitué de cellules qui présentent à leur surface des récepteurs spécifiques, on peut alors imaginer amener les NPs d'or à ces organes en y couplant un ligand pour ce récepteur.

Si enfin ces NPs ciblées sont recouvertes d'un médicament, on dit alors que le médicament est vectorisé par la NP d'or (Figure 20).

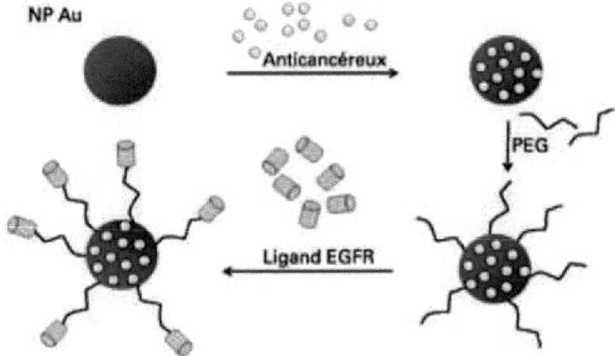

Figure 20. Fonctionnalisation de NP d'or par facteur de croissance épidermique (EGFR) [74].

IV.3.5. Toxicité des nanoparticules d'or

Etant biocompatible, l'or colloïdal est utilisé depuis longtemps en thérapie. Cependant, de nombreuses applications utilisant des NPs d'or émergent, des incertitudes subsistent quant à leur possible impact sur les organismes vivants. Plusieurs études montrent que la toxicité des NPs d'or dépend de leur forme et de leur taille : les nanobâtonnets d'or seraient plus toxiques que les nanosphères d'or [75].

V. Conclusion

La recherche autour des NPs connaît un engouement très marqué dans la communauté scientifique. Mais ce qui est vraiment spécifique des NPs d'or comparé à d'autres métaux ou oxydes, c'est qu'elles intéressent des axes très diversifiés comme cela a été décrit dans ce chapitre puisqu'elles touchent la catalyse, l'optique, l'électronique, la biologie et la médecine. En effet, les NPs d'or possèdent des coefficients d'absorption et de diffusion très importants. Par ailleurs, leurs propriétés physico-chimiques peuvent être contrôlées finement en modifiant la taille, la forme ou la composition des nanoparticules. De plus, leur surface peut être facilement fonctionnalisée afin de conférer aux nanoparticules un caractère hydrophile (milieux polaires), hydrophobe (milieux non polaires) et amphiphile, ce qui permet leur dispersion dans une grande variété de fluides. Cette surface permet aussi la chemisorption ou la physisorption d'un grand nombre de molécules biologiques ajoutant une spécificité aux nanoparticules en leur permettant de cibler uniquement certains récepteurs cellulaires ou certains sites biologiques. Leur caractère inerte confère aussi une propriété non immunogène, c'est-à-dire que l'introduction de nanoparticules dans le système circulatoire ne provoque pas de réponse immune. Finalement, leur petite taille (<50 nm) permet la pénétration à l'intérieur des pores de la membrane cellulaire par endocytose, ouvrant la porte à une vaste gamme de thérapies et de diagnostics intracellulaire.

Ainsi, le potentiel immense des NPs plasmoniques dans le domaine biomédical, utilisées également pour des applications en catalyse, en électronique et en photonique, a dynamisé les efforts de synthèse de ces entités. De nos jours, plusieurs centaines de techniques ou « recettes » peuvent être trouvées dans la littérature, chacune ayant été développée pour une application spécifique. Parmi celles-ci, les techniques par réduction chimiques sont les plus utilisées, puisque, relativement simples, elles ouvrent la voie à la production de masse, permettent un contrôle de la taille, de la forme et de la composition impressionnant. Malheureusement, plusieurs de ces techniques utilisent des réactifs ou des solvants toxiques ou nocifs pour l'environnement ou conduisent à une contamination de la surface des nanoparticules par des ions ou des agents chimiques intermédiaires qui réduisent l'efficacité de bioconjugaison et compliquent l'utilisation des nanoparticules dans certaines applications de détection de haute sensibilité. C'est pourquoi un ensemble de principes visant à rendre la chimie plus « verte » (et du même coup, la nanoscience) ont été établis vers la fin des années 1990.

VI. Références bibliographiques

[1] C. A. Foss Jr. et D. L. Feldheim, Metal Nanoparticles: Synthesis, Characterization, and Applications, Marcel Dekker, New York, 2002.

[2] A. S. Barnard et L. A. Curtiss, Chem. Phys. Chem. 7 (2006) 1544-1553.

[3] Y. Yamamoto et H. Hori, Rev. Adv. Mater. Sci. 12 (2006) 23-32.

[4] I. Garzón, K. Michaelian, M. Beltrán, A. Posada-Amarillas, P. Ordejón, E. Artacho, D. Sánchez-Portal et J. Soler, Phys Rev. Lett. 81 (1998) 1600-1603.

[5] C. L. Cleveland, U. Landman, T. G. Schaaff, M. N. Shafigullin, P. W. Stephens et R. L. Whetten, Phys. Rev. Lett. 79 (1997) 1873-1876.

[6] D.T. Nguyen, D.J. Kim, K.S. Kim, Micron. 42 (2011) 207-227.

[7] S. Dadras, P. Jafarkhani, M.J. Torkamany, J. Sabbaghzadeh, J. Phys. D. Appl. Phys. 42 (2009) 1-5.

[8] J. Belloni, M. Mostafavi, H. Remita, J.L. Marignier, M.O. Delcourt, New J. Chem. 22 (1998) 1239-1255.

[9] J. Turkevich, P.C. Stevenson, J. Hillier, Discuss. Faraday Soc. 11 (1951) 55-75.

[10] G. Frens, Nature: Phys. Sci. 241 (1973) 20-22.

[11] G. Schmid, R. Pfeil, R. Boese, F. Bandermann, S. Meyer, G.H.M. Calis, J.W.A. Van Der Velden, Chem. Ber. 114 (1981) 3634-3642.

[12] M. Giersig, P. Mulvaney, Langmuir 9 (1993) 3408-3413.

[13] M. Brust, M. Walker, D. Bethell, D.J. Schiffrin, R.J. Whyman, J. Chem. Soc. Chem. Commun. (1994) 801-802.

[14] J.W.Slot, H.J. Geuze, Eur. J. Cell Biol. 38 (1985) 87-93.

[15] K.R. Brown, A.P. Fox, M.J. Natan, J. Am. Chem. Soc. 118 (1996) 1154-1157.

[16] G. Schmid, The relevance of shape and size of Au-55 clusters. Chemical Society Reviews 37 (2008) 1909-1930.

[17] M. Brust, J. Fink, D. Bethell, D. J. Schiffrin, C. J. Kiely, J. Chem. Soc., Chem. Commun. (1995) 1655-1656.

[18] A.G. Kanaras, F.S. Kamounah, K. Schaumburg, C.J. Kiely, M. Brust, Chem. Commun. 20 (2002) 2294-2295.

[19] M. Zheng, Z. Li, X. Huang, Langmuir 20 (2004) 4226-4235.

[20] Y. Hao, X. Yang, S. Song, M. Huang. C. He, M. Cui, J. Chen, Nanotechnol. 23 (2012) no. 045103.

[21] C. Xu, L. Sun, L. J. Kepley, R. M. Crooks, Anal. Chem. 65 (1993) 2102-2107.

[22] A. Kumar, S. Mandal, P.R. Selvakannan, R. Paricha, A.B. Mandale, M. Sastry, Langmuir 19 (2003) 6277-6282.

[23] F. Porta, Z. Krpetic, L. Prati, A. Gaiassi, G. Scari, Langmuir 24 (2008) 7061-7065.

[24] N. Wangoo, K. Bhasin, R. Boro, C. R. Suri, Anal. Chim. Acta. 610 (2008) 142-148.

[25] N. Wangoo, K.K. Bhasin, S.K. Mehta, C.R. Suri, J. Colloid. Interf. Sci. 323 (2008) 247-254.

[26] R. Shomura, K.J. Chung, H. Iwai, M. Higuchi, Langmuir 27 (2011) 7972-7975.

[27] N. Wangoo, K.J. Kaushal, K. Bhasin, S.K. Mehta, C.R. Suri, Chem. Commun. 46 (2006) 5755-5757.

[28] G. Li, D. Li, L. Zhang, J. Zhai, E. Wang, Chem. Eur. J. 15 (2009) 9868-9873.

[29] M.S. Yavuz, W. Li, Y. Xia, Chem. Eur. J. 15 (2009) 13181-13187.

[30] B. Kumar-Jean, C.R. Raj, Langmuir 23 (2007) 4064-4070.

[31] Enyi Ye, Khin Yin Win, Hui Ru Tan, Ming Lin, Choon Peng Teng, Adnen Mlayah and Ming-Yong Han, J. Am. Chem. Soc. 133 (2011) 8506–8509.

[32] B. Mona Mohamed, M. Khaled AbouZeid, Victor Abdelsayed, A. Ahlam Aljarash and M. Samy El-Shall, ACS Nano 4 (2010) 2766–2772.

[33] A. C. Templeton, M. J. Hostetler, C. T. Kraft, R. W. Murray, J. Am. Chem. Soc. 120 (1998) 1906-1911.

[34] M.J. Hostetler, A.C. Templeton, R.W. Murray, Langmuir 15 (1999) 3782-3789.

[35] N. R. Jana, L. Gearheart, C. J. Murphy, Adv. Mater. 13 (2001), 1389-1993.

[36] N. R. Jana, L. Gearheart, C. J. Murphy, Chem. Commun. 7 (2001) 617-618.

[37] C.J. Murphy, T.K. Sau, A.M. Gole, C.J. Orendorff, J. Gao, L. Gou, S.E. Hunyadi, and T. Li, J. Phys. Chem. B 109 (2005) 13857-13870.

[38] Xingchen Ye, Chen Zheng, Jun Chen, Yuzhi Gao, and Christopher B. Murray, Nano Lett. 13 (2013) 765–771.

[39] Babak Nikoobakht and Mostafa A. El-Sayed, Chem. Mater. 15 (2003) 1957-1962.

[40] Ji Chan Park, Seung Min Park, Seol Ryu and Hyunjoon Song, Angew. Chem. Int. Edit. 47 (2008) 763–767.

[41] D.V. Goia, E. Marijevic, Colloid. Surface. A 146 (1999) 139-152.

[42] S. Shankar, A. Rai, B. Ankamwar, A. Singh, A. Ahmad, M. Sastry, Nat. Mater. 3 (2004) 482-488.

[43] B. Ankamwar, C. Damle, A. Ahmad, M. Sastry, J. Nanosci. Nanotechno. 5 (2005) 1665-1671.

[44] S.P. Chandran, M. Chaudhary, R. Pasricha, A. Ahmad, M. Sastry, Biotechnol. Progr. 22 (2006) 577-583.
[45] M. Mathew, A. Sureshkumar, N. Sandhyarani, Colloid. Surf. B. 94 (2012) 118-124.
[46] K. Esumi, N. Takei, T. Yoshimura, Colloid. Surf. B. 32 (2003) 117-123.
[47] H. Huang, X. Yang, Biomacromolecules 5 (2004) 2340-2346.
[48] A. Primo, F. Quignard, Chem. Commun. 46 (2010) 5593-5595.
[49] L.C. Cheng, J.H. Huang, H.M. Chen, T.C. Lai, K.Y. Yang, R.S. Liu, M. Hsiao, C.H. Chen, L.J. Her, D.P. Tsai, J. Mater. Chem. 22 (2012) 2244-2253.
[50] T.J. Beveridge, R.G. E. Murray, J. Bacteriol. 141 (1980) 876-887.
[51] K.B. Narayanan, N. Sakthivel, Adv. Colloid Interf. Sci. 156 (2010) 1-13.
[52] M. Lengke, G. Southam, Geochim. Cosmochim. Acta. 70 (2006) 3646-3661
[53] Y. Konishi, T. Tsukiyama, T. Tachimi, N. Saitoh, T. Nomura, S. Nagamine, Electrochim. Acta. 53 (2007) 186-192.
[54] M. Lengke, M. E. Fleet, G. Southam, Langmuir 22 (2006) 2780-2787.
[55] S. He, Z. Guo, Y. Zhang, S. Zhang, J. Wang, N. Gu, Mater. Lett. 61 (2007) 3984-3987.
[56] P. Mukherjee, A. Ahamd, D. Mandal, S. Senapati, S. R. Sainkar, M. I. Khan, R. Ramani, R. Parischa, P. V. Ajayakumar, M. Alam, M. Sastry, R. Kumar, Angew. Chem.,Int. Ed. 40 (2001) 3585-3588.
[57] A. Ahamd, S. Senapati, M. I. Khan, R. Kumar, M. Sastry, J. Biomed. Nanotechnol. 1 (2005) 47-53.
[58] R. Balagurunathan, M. Radhakrishnan, R.B. Rajendran, D. Velmurugan, Indian J. Biochem. Bio. 48 (2011) 331-335.
[59] A. Ahamd, S. Senapati, M. I. Khan, R. Kumar, M. Sastry, Langmuir 19 (2003) 3550-3553.
[60] A. Mourato, M. Gadanho, A. Lino, R. Tenreiro, Bioinorg. Chem. Appl. 2011 (2011) 1-8.
[61] M. Agnihotri, S. John, A. Kumar, S. Zinjarde, S. Kulkarini, Mat. Lett. 63 (2009) 1231-1234.
[62] R. Rosei, F. Antonangeli and U.M. Grassano, Surf. Sci. 37 (1973) 689-699.
[63] Prashant. K. Jain, Ivan H. El-Sayed, and M.A. El-Sayed, Nanotoday 2 (2007) 18-29.
[64] C. Kittel, Physique de l'état solide, 5ème édition, 1994, Dunod Université.
[65] E. Cottancin, G. Celep, J. Lerme, M. Pellarin, J.R. Huntzinger, J.L. Vialle et M. Broyer. Theoretical Chemistry Accounts 116 (2006) 514-523.
[66] Stephan Link and Mostafa A. El-Sayed, J. Phys. Chem. B 103 (1999) 4212-4217.

[67] R. H. Terrill, T.A. Postlethwaite, C.H. Chen, C.D. Poon, A. Terzis, A. Chen, J.E. Hutchison, M.R. Clark et G. Wignall, J. Am. Chem. Soc. 117 (1995) 12537-12548.

[68] M. Tréguer-Delapierre, J. Majimel, S. Mornet, E. Duguet, S. Ravaine, Gold Bulletin 2008. 41/2

[69] The Lycurgus Cup. British Museum official website http://www.britishmuseum.org (2010).

[70] A. Iwakoshi, T. Nanke et T. Kobayashi, Gold Bulletin 38 (2005) 107-112

[71] Service Vega, Verre à vin du Rhin rubis. Baccarat official website http://www.baccarat.fr (2010).

[72] V. Ray, R. Subramanian, P. Bhadracha-Lam, L.C. MA, C.U. Kim et S.J Koh, Nature Nanotechnology 3 (2008) 603-608.

[73] M. C. Daniel, D. Astruc, Chem. Rev. 104 (2004) 293-346.

[74] C. Alric, J. Taleb, G. Le Duc, C. Man-Don et al., J. Am. Chem. Soc. 130 (2008) 5908-5015.

[75] N. Pernodet, X. Fang, Y. Sun, A. Bakhtina, A. Ramakrishan, J. Sokolov, A. Ulman et M. Rafailovich, Small 2 (2006) 766-773.

CHAPITRE II
SYNTHÈSE ET CARACTÉRISATION DE NANOTRIANGLES D'OR, ETUDE SERS ET HYPERTHERMIE

Sommaire

I. Introduction 34
II. Synthèse de nanoparticules d'or en milieu polyol : contrôle de la forme 34
   II.1. Montage et protocole général de synthèse 35
   II.2. Synthèse et caractérisation des nanoparticules d'or en milieu polyol 36
      II.2.1. Le TREG solvant et le PVP_{K30} surfactant 36
      II.2.2. Autres Synthèses 39
         II.2.2.1. Synthèse et caractérisation des nanoparticules d'or dans le TREG en présence du PVP_{K10} 40
         II.2.2.2. Synthèse et caractérisation des nanoparticules d'or dans le 1,3 propanediol en présence du PVP_{K30} 41
   II.3. Conclusion 43
III. Propriétés Plasmoniques et Spectroscopie de Diffusion Raman 44
   III.1. Spectroscopie d'extinction de la solution colloïdale : mesure et simulations 44
   III.2. Spectroscopie de diffusion Rayleigh de nano-objets isolés 45
   III.3. Diffusion Raman Exaltée de Surface (SERS) 47
   III.4. Fluctuations temporelles de l'intensité SERS 48
   III.5. Modes de vibrations du PVP et du TREG libres 50
   III.6. Attributions des raies vibrationnelles observées en SERS 54
   III.7. Dynamique de l'interaction molécules-nanoparticule 60
   III.8. Mécanismes chimiques photo-induits et interaction molécule-nanoparticule 65
   III.9. Conclusion 66
IV. Etude préliminaire du pouvoir hyperthemique des nanoparticules synthétisées 68
V. Références bibliographiques 73

I. Introduction

Dans le chapitre précédent, nous avons montré que le développement de nouvelles méthodes de synthèse de NPs d'or avec des tailles et des formes bien contrôlées reste toujours un défi majeur. Dans ce contexte, nous cherchons à développer de nouvelles stratégies de synthèse simples, reproductibles en utilisant le minimum possible de réactifs chimiques non toxiques, afin de limiter les sous produits de réactions et/ou ions résiduels qui risqueraient d'inhiber les propriétés intrinsèques du matériau final.

Ce chapitre sera donc dédié à la synthèse des nanoparticules d'or par la méthode polyol. Cette méthode de synthèse permet d'obtenir directement des nanoparticules d'or, bien cristallisées, de taille relativement calibrée. Nous détaillerons le procédé de synthèse en milieu polyol, appelé aussi « procédé polyol » par la suite. L'objectif est d'élaborer des NPs d'or de forme anisotrope possédant des propriétés optiques bien spécifiques visant des applications biomédicales. En effet, l'or est un matériau très prisé dans le domaine médical, en raison de sa biocompatibilité, de sa non-toxicité. En maîtrisant la forme et la dimension des objets, il est possible d'ajuster la fréquence de résonance plasmonique dans le domaine visible et/ou proche infrarouge. Cette large gamme de fréquences accessibles, permet d'exploiter les propriétés optiques des nanoparticules d'or dans de nombreuses applications. Parmi les applications, nous pouvons citer le traitement du cancer par hyperthermie, lequel repose sur l'élévation local de la température induite, dans le cas des NPs d'or, par la résonance plasmon de surface.

II. Synthèse de nanoparticules d'or en milieu polyol : contrôle de la forme

Le procédé polyol est une méthode de synthèse par chimie douce qui a été développée par Fiévet et ses collaborateurs initialement pour la fabrication de poudres métalliques nanocristallines d'éléments de transition d [1]. Il a été par la suite rapidement étendu à la fabrication de divers solides inorganiques allant de l'hydroxyde à l'oxyde en passant par l'alcoolate et l'hydroxyalcoolate [2]. Il s'agit d'une alternative à la méthode sol-gel alcoolique classique, dans le sens où le solvant reste un alcool mais le précurseur n'est plus un alcoolate mais un sel ionique. Dans un polyol sont dissous des sels métalliques tels que des chlorures, des acétates ou des nitrates ; La solution est chauffée à des températures modérées pouvant atteindre au maximum la température d'ébullition du solvant. L'intérêt d'utiliser des polyols réside dans leur caractère polaire, qui permet de solubiliser un grand nombre de précurseurs métalliques. Les polyols sont aussi des agents réducteurs [1]. Ils sont également des milieux de nucléation et de croissance appropriés pour les particules à l'état finement divisé [3]. Ils

jouent le rôle de surfactant qui s'adsorbe à la surface des particules élémentaires et évite leur agglomération par gêne stérique. La synthèse des NPs d'or par la méthode polyol se produit généralement selon trois étapes distinctes :
- la dissolution des sels métalliques dans le polyol en présence d'une quantité prédéfinie de surfactant.
- le chauffage jusqu'à la température désirée sous agitation mécanique.
- le refroidissement lent à température ambiante du mélange réactionnel, pour enfin obtenir une solution colloïdale.

II.1. Montage et protocole général de synthèse

Le dispositif expérimental utilisé dans cette étude, est représenté sur la figure ci-dessous (Figure 1). Il comporte un ballon tricol équipé d'un thermocouple, un montage à reflux et une tige d'agitation mécanique.

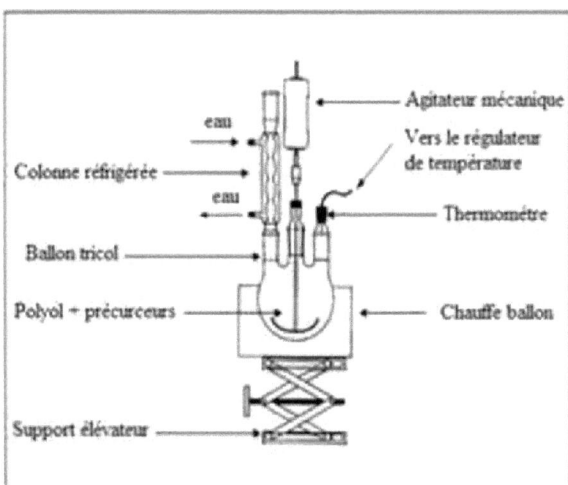

Figure 1. Schéma de montage utilisé pour la synthèse par hydrolyse forcée en milieu polyol.

Toutes les préparations ont étés conduites en présence de polyvinylpyrrolidone (PVP) utilisé comme surfactant (PVP_{K30} ou PVP_{K10}). En effet, l'objectif de cette étude est de synthétiser des NPs d'or de forme anisotrope en utilisant de nouveaux solvants polyols et le minimum de surfactants. Les deux solvants choisis pour cette série de synthèse sont le triéthylèneglycol (TREG) et le 1,3 propanediol.

Expérimentalement, il s'agit de chauffer une solution de sel d'or ($HAuCl_4 \cdot 3H_2O$) dans le solvant polyol choisi (TREG ou 1,3 propandiol) en présence d'une quantité adéquate du surfactant (PVP). L'ensemble est maintenu sous agitation mécanique jusqu'à dissolution complète du précurseur. Par la suite, le mélange réactionnel est alors chauffé rapidement à 150°C puis maintenu à cette température pendant ~30 minutes jusqu'à l'apparition d'une coloration renseignant sur la formation des particules d'or. La synthèse est conduite en modifiant chaque fois le rapport molaire R entre la quantité du PVP et l'or, R= ($nPVP/nAu^{III}$).

II.2. Synthèse et caractérisation des nanoparticules d'or en milieu polyol

II.2.1. Le TREG solvant et le PVP_{K30} surfactant

Une série de synthèses a été réalisée en utilisant le TREG comme solvant et en faisant varier le rapport molaire R entre le PVP_{K30} et le sel d'or ($R=nPVP/nAu^{III}$) (Tableau 1). La concentration du sel d'or est fixée à 1.52 mmol.L^{-1} dans toutes les préparations, seule la concentration du PVP_{K30} est modifiée.

Tableau 1. Conditions expérimentales d'élaboration des NPs d'or pour les différents rapports molaires

Échantillon	R ($nPVP/nAu^{III}$)	Couleur
S_1	0.3	Bleu foncé
S_2	0.1	Bleu
S_3	0.07	Mauve
S_4	0.05	Bleu
S_5	0.045	Bleu claire

La figure ci-après (Figure 2) rassemble les spectres d'absorption mesurés et les images TEM pour les différents échantillons élaborés en ajustant chaque fois le rapport molaire R ($0.045 \leq R \leq 0.3$).

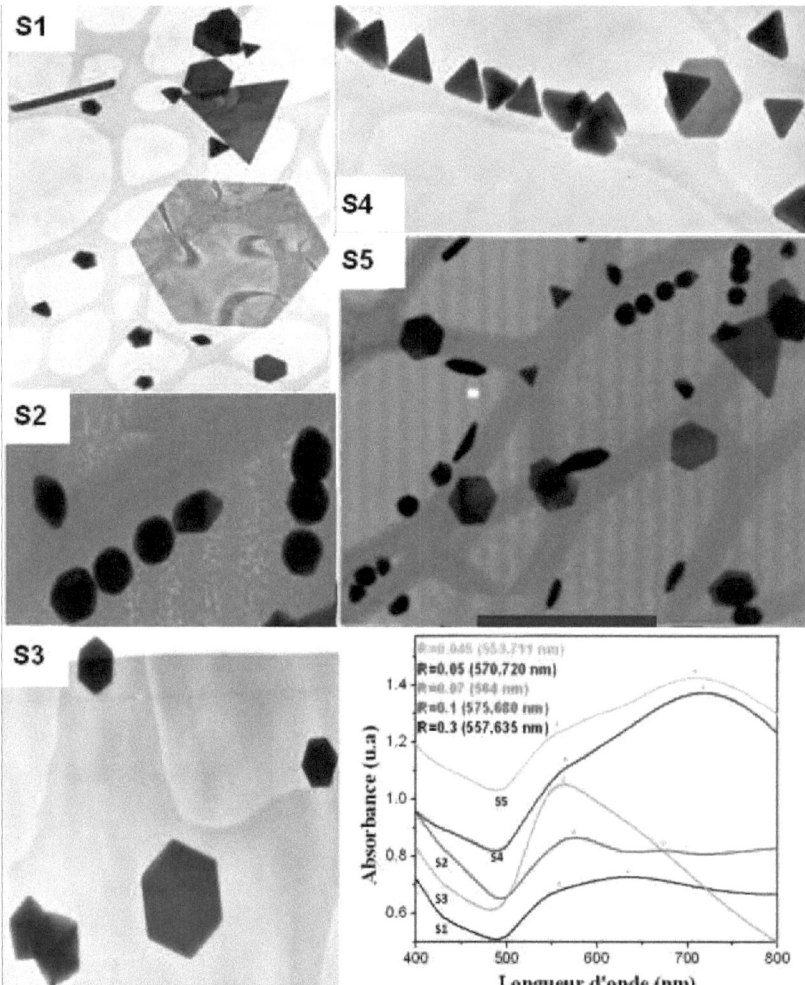

Figure 2. Images MET et spectres d'absorption UV-visible des solutions préparée dans le TREG avec les différents rapports molaires (0.045≤ R≤ 0.3). La barre d'échelle est 700 nm.

Les spectres d'absorptions optiques de toutes les solutions préparées avec les différents rapports molaires (0.045≤R≤0.3), présentent tous deux bandes d'absorption plus au mois intense correspondant à la résonance plasmonique de surface (RPS) caractéristique des NPs d'or. La position de la bande RPS renseigne sur la formation des particules de différentes tailles et de différentes formes.

Pour des rapports molaires PVP/Au^{III} supérieurs à 0.05 (R=0.07, 0.1 et 0.3), les particules d'or formées présentent généralement une grande dispersion en formes (plaquettes hexagonales ou triangulaires, bâtonnets, etc) avec des tailles comprises entre (200nm et 1μm). Pour un rapport molaire inférieur à 0.05 (R=0.045), les particules obtenues sont quasi-sphériques (~130 nm). En effet, la faible quantité du PVP présente en solution et qui va être par la suite adsorbée à la surface des germes d'or ne permet pas de stabiliser et de bloquer la croissance de certaines faces cristallographiques pour orienter la croissance de particule vers une forme précise. Par conséquence la particule croit dans toutes les directions ce qui conduit finalement à former des NPs isotropes : particules sphériques majoritairement.

Pour un rapport molaire de 0.05, la majorité des particules formées sont des plaquettes triangulaires (taille de l'ordre de ~150 nm). Ceci indique que cette concentration du PVP est suffisante pour à la fois contrôler la croissance des germes et aussi pour assurer la stabilisation des particules formées.

L'observation des images MET montre bien que si le rapport molaire est supérieure ou inferieure à 0.05, un mélange de formes est toujours obtenu. Par conséquent, la quantité de PVP introduite pour un rapport molaire de 0.05 est la quantité critique favorisant la formation de particules de taille et de forme bien contrôlées. On peut donc expliquer la formation de nanotriangles d'or par l'adsorption préférentielle du PVP sur les facettes {111} des germes d'or [4] lors de l'étape de croissance. Ceci permet de bloquer la croissance de ces facettes et permet seulement la croissance des germes selon la face latérale selon la direction <110> [4]. En effet, des travaux antérieurs montrent que le PVP s'adsorbe préférentiellement sur les facettes {111} lors de la formation des NPs d'or [4]. D'autres parts, la caractérisation par diffraction des électrons (SAED) sur une particule unique (Figure 14) est en bon accord avec cette hypothèse. En effet, la symétrie hexagonale observée sur le cliché de diffraction indique clairement que les nanoparticules d'or sont monocristallines et que le faisceau d'électrons incident est perpendiculaire à la surface {111}. Par conséquent, les facettes exposées par les triangles d'or sont effectivement les facettes {111}.

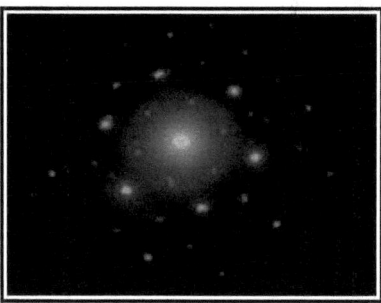

Figure 3. Cliché de diffraction des électrons (SEAD) enregistré sur une plaquette d'or.

Le spectre EDX (Figure 4) enregistré sur quelques plaquettes d'or confirme la pureté du produit. En effet, seul l'element chimique "Au" est détecté (l'élément chimique "Cu" provient de la grille).

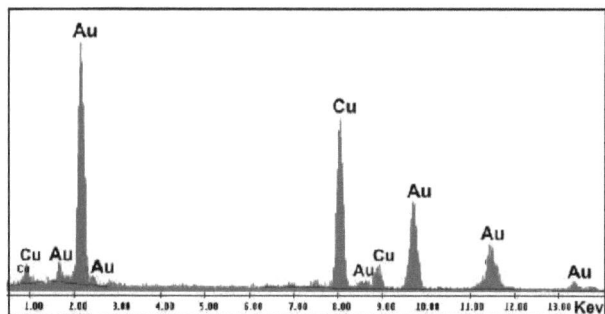

Figure 4. Spectres EDX enregistré sur la solution S_4 contenant les triangles d'or.

II.2.2. Autres Synthèses

Pour tester la validité de cette combinaison PVP_{K30}-TREG, nous avons mené deux autres séries de synthèses (Tableau 2) dans les mêmes conditions expérimentales. Pour la première préparation nous avons remplacé le PVP_{K30} par le PVP_{K10} en utilisant le TREG comme solvant. Pour la deuxième, nous avons remplacé le TREG par le 1,3-propanediol en présence du PVP_{K30}.

Tableau 2. Conditions expérimentales d'élaboration des NPs d'or en faisant varier plusieurs paramètres

Échantillons	Solvant	Surfactant	Couleur
S$_6$	TREG	PVP$_{K10}$	Mauve foncé
S$_7$	1,3-propanediol	PVP$_{K30}$	Bleu

II.2.2.1. Synthèse et caractérisation des nanoparticules d'or dans le TREG en présence du PVP$_{K10}$

Sur le spectre d'absorption UV-Visible (Figure 5-A) on observe la présence de deux bandes : une bande dissymétrique intense située dans le domaine visible (λ_{Abs}=568 nm) et une deuxième bande moins intense et large situé dans le domaine du proche IR (λ_{Abs} ~800 nm). Ce spectre est complètement différent de celui enregistré avec le PVP$_{K30}$ avec le même rapport molaire PVP/Au^{III} (R=0.05). L'observation des images MET (Figure 5-B) montrent la présence de grosses particules agglomérées de forme majoritairement sphériques (diamètre moyen de l'ordre de 300 nm).

Par conséquent, la longueur de la chaine PVP joue un rôle crucial pour le contrôle de la taille et de la forme des nanoparticules. En effet, en opérant en présence du PVP$_{K10}$ qui présente une chaine polymérique 3 fois plus courte que le PVP$_{K30}$, affaiblie la force d'adsorption et le pouvoir surfactant des molécules PVP sur les facettes {111} exposées par les germes d'or. Par conséquent, l'inhibition de la croissance de ces facettes dans les directions <111> doit être plus faible ce qui permet la croissance d'autres formes de nanoparticules (non triangulaires).

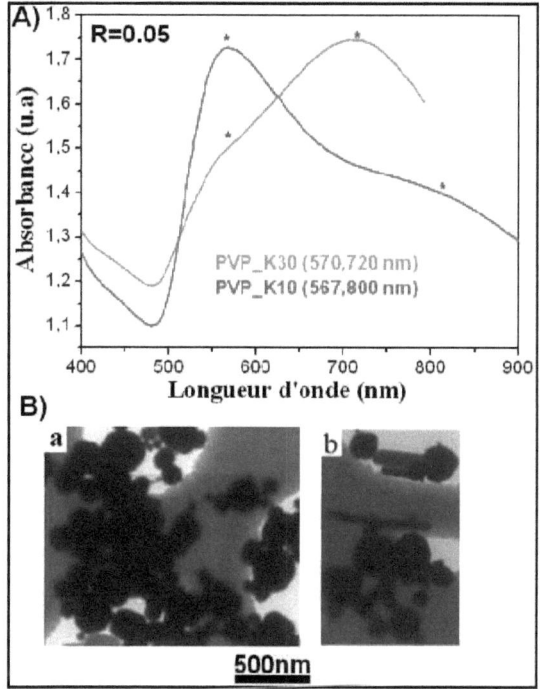

Figure 5. (A) : Spectres d'absorption UV-Visible des solutions colloïdales de nanoparticules obtenues avec le TREG-PVP$_{K10}$ et le TREG-PVP$_{K30}$. (B) : images MET de la solution S$_6$ préparées dans le TREG pour R (nPVP$_{K10}$/nAu^{III})=0.05.

II.2.2.2. Synthèse et caractérisation des nanoparticules d'or dans le 1,3 propanediol en présence du PVP$_{K30}$

Sur le spectre d'absorption optique (Figure 6-A), on note l'apparition des deux bandes d'absorptions plasmoniques bien distinctes situées respectivement à 605 et 885 nm. Les clichés TEM montrent la présence des grosses particules de forme sphériques comme forme majoritaire (diamètre comprise entre 200 et 400 nm) (Figure 6-B). Les particules formées sont généralement peu agglomérées et bien dispersées. On note aussi la formation des plaquettes et des nanobâtonnets. Ces formes allongées peuvent contribuer à des résonances plasmoniques décalées vers le rouge (bande à 885 nm).

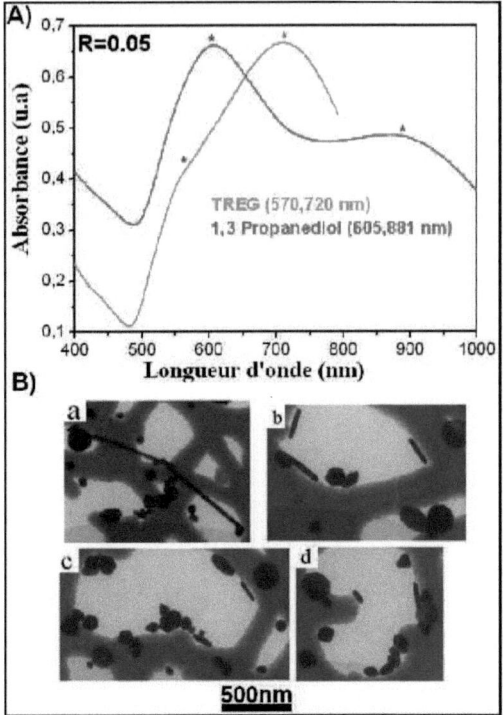

Figure 6. (A) : Spectres d'absorption UV-Visible comparative et (B) : images MET de la solution S_7 préparées dans le 1,3 propanediol pour R $(nPVP_{K30}/nAu^{III})=0.05$.

D'après les images TEM, on peut conclure que le 1,3-propanediol à un pouvoir stabilisant important mais ne permet pas de contrôler la croissance des germes d'or vers une mono-forme particuliaire. En effet, au cours de l'étape de croissance des particules d'or, le 1,3 propanediol réagit différemment comparé au triéthylène glycol (TREG). Ceci est dû probablement à la différence de structure chimique entre ces deux solvants (Figure 7). La structure chimique du solvant à une influence sur l'affinité chimique Au-polyol et donc sur la forme et la taille des particules finales. En effet, le pouvoir complexant et stabilisant du polyol change d'un solvant à un autre.

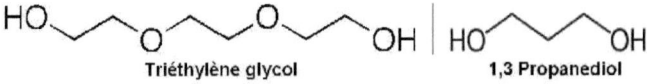

Figure 7. Structures chimique des solvants polyol utilisés.

II.3. Conclusion

Nous avons décrit dans ce chapitre les caractéristiques morphologiques des nanoparticules d'or préparées par la méthode polyol. Divers paramètres de synthèses ont été étudiés tel que le rapport molaire R=PVP/Au^{III} ($0.045 \leq R \leq 0.3$), la nature du PVP (PVP$_{K30}$ ou PVP$_{K10}$) et la nature du solvant (triéthylène glycol (TREG) ou 1,3-propanediol).

Des plaquettes d'or de forme triangulaires monodisperses et de taille moyenne de 150 nm ont été produites dans le triéthyléne glycol (TREG). La condition expérimentale optimale qui favorise la formation des plaquettes triangulaires d'or consiste à utiliser le TREG comme solvant, le PVPK30 comme surfactant et un rapport molaire PVP/Au^{III} de 0.05.

La nature du solvant, le rapport molaire PVP/Au^{III} ainsi que la longueur de la chaine du PVP sont les principaux facteurs qui influent sur la forme des particules.

Les plaquettes d'or formées présentent des propriétés plasmonique intéressantes très prometteuses pour des applications d'hyperthermie en nanomédecine.

L'intérêt de notre protocole de synthèse réside dans le fait que nous avons d'abord utilisé un nouveau polyol pour former des nanoparticules d'or et avec une faible quantité de surfactant. En effet, généralement la synthèse des plaquettes triangulaire se fait en présence d'un excès du surfactant (R(Surfacatnt/Au) > 1). Dans le présent travail, la synthèse est conduite avec un rapport molaire R(Surfacatnt/Au) de 0.05, nettement plus faible. Ceci permet de limiter les sous produits de réactions et/ou ions résiduels qui risqueraient d'inhiber les propriétés intrinsèques du matériau final. Dans ces conditions, la fonctionnalisation des particules d'or par d'autres ligands pour un intérêt biologique ou par des anticorps est possible directement et ne nécessite aucunes étapes de purifications surfaciques.

III. Propriétés Plasmoniques et Spectroscopie de Diffusion Raman

III.1. Spectroscopie d'extinction de la solution colloïdale : mesure et simulations

La Figure 8 présente le spectre d'extinction optique de la solution colloïdale constituée essentiellement de nanotriangles d'or. La résonance plasmonique apparait clairement vers 690 nm. Elle dépend non seulement de la taille du triangle moyen mais également de sa forme (équilatéral ou isocèle) et de son épaisseur [5]. L'observation en microscopie électronique en transmission a révélé la présence de nanotriangles d'or équilatéraux en majorité et de 150 nm de côté en moyenne. En utilisant ces données, nous nous sommes appuyés sur les simulations numériques par DDA pour estimer l'épaisseur moyenne des nanotriangles. Sur la même figure sont représentés les spectres simulés pour des nanotriangles d'or équilatéraux de 150 nm de côté et d'épaisseur variable. Le milieu environnent est l'éthanol.

On voit clairement que la résonance plasmon se décale vers le rouge quand l'épaisseur du nanotriangle diminue. Le spectre mesuré présente une résonance plasmonique proche de celle calculée pour une épaisseur entre 10 nm et 15 nm. La largeur de la résonance mesurée est plus importante que celle simulée par DDA. Cet élargissement peut être attribué à une contribution inhomogène due à la distribution des épaisseurs des nanotriangles et/ou à des particules de différentes tailles et formes.

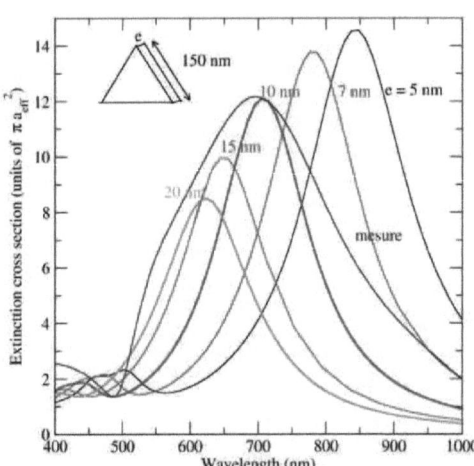

Figure 8. Réponse plasmonique de la solution colloïdale contenant des nanotriangles d'or. Le spectre d'extinction mesuré est en bleu. Sont présentés, les spectres d'exctinction simulés par DDA, pour un nanotriangle de 150 nm de côté et pour les différentes épaisseurs indiquées sur la figure.

III. Propriétés Plasmoniques et Spectroscopie de Diffusion Raman

Les cartes d'intensité de champ électromagnétique simulées par DDA (Figure 9) montrent les modes plasmons d'un nanotriangle de 150 nm de côté et de 10 nm d'épaisseur. On voit que la principale résonance vers 680 nm correspond à un mode dipolaire avec une localisation forte sur les pointes du nanotriangle pour les deux polarisations perpendiculaires (dégénérescence due à la symétrie d'ordre 3), en accord avec des études similaires rapportées dans la littérature [6]. Ces maxima d'intensité de champ électromagnétique localisés sur quelques nanomètre cube sont appelés "points chauds".

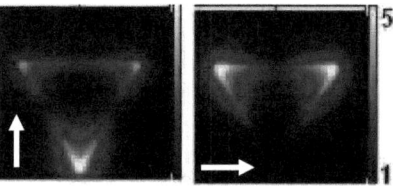

Figure 9. Cartes d'intensité du champ électrique excité par un faisceau optique dont la polarisation est indiquée par la flèche. Le nanotriangle fait 150 nm de côté et 10 nm d'épaisseur. La longueur d'onde d'excitation est de 700 nm en résonance avec le mode plasmon dipolaire.

III.2. Spectroscopie de diffusion Rayleigh de nano-objets isolés

Pour les études en diffusion Rayleigh et en diffusion Raman, la solution colloïdale est diluée et quelques microlitres sont prélevés puis dispersés sur une surface de silice propre. La Figure 10 présente une image en champ clair, montrant une collection de nano-objets métalliques qui se distinguent du reste des imperfections de la surface ou de poussières éventuelles grâce à leur brillance caractéristique. L'utilisation d'un objectif x100, permet de sélectionner un de ces points brillants en champ clair ou en champ sombre comme le montre l'image de gauche (Figure 10). Dans toutes les mesures SERS décrites ici, nous avons pris un soin particulier à sélectionner des nano-objets de la plus petite taille possible. En effet, en champ lointain, la résolution spatiale est limitée par la diffraction optique, c'est à dire par la longueur d'onde optique et par l'ouverture numérique de l'objectif utilisé. Dans notre cas, à 638 nm et avec notre objectif x100 NA = 0.9, cette résolution est de 355 nm ce qui est en effet la taille du point observé en haut à gauche sur l'image en champ sombre (Figure 10). Cependant, en l'absence d'une observation en microscopie électronique, rien ne nous assure que ce point est constitué d'un nanotriangle unique compte tenu de leur taille moyenne (150 nm) plus petite que la résolution optique (355 nm). C'est pour cela que nous avons sélectionné non seulement les points les plus petits mais aussi les moins brillants. Par exemple, le point voisin plus brillant (et de taille légèrement plus grande) est certainement un petit agrégat de deux ou trois nanoparticules. Nous avons évité ce type d'objets.

La spectroscopie en champ sombre permet d'accéder à la résonance optique d'un nano-objet isolé déposé sur une surface. Le spectre du nano-objet observé en champ sombre (objet entouré dans l'image) montre une résonance plasmonique claire vers 600 nm. Elle est décalée vers le bleu par rapport à la résonance mesurée en extinction optique dans le cas de la solution colloïdale, très certainement à cause de l'effet de l'indice optique du milieu environnent : éthanol d'indice 1.36 dans le cas de la solution colloïdale, et air/substrat de silice dans le cas du nano-objet déposé. Nous avons utilisé trois raies lasers d'excitation (indiquées sur la figure 10) pour étudier la réponse SERS de nano-objets uniques (à l'échelle de notre résolution spatiale).

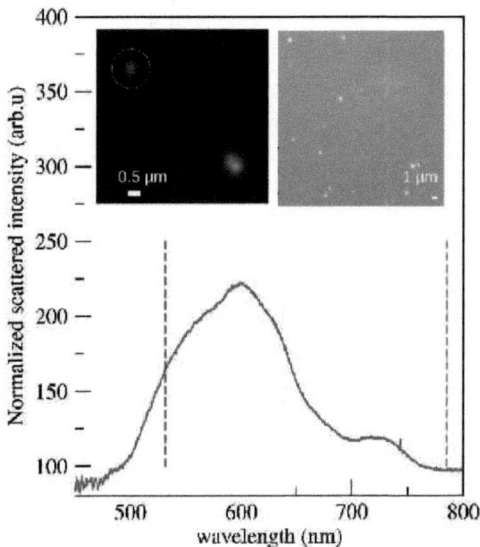

Figure 10. Spectre de diffusion élastique (Rayleigh) d'un nano-triangle d'or déposé sur une surface de silice. Le spectre est obtenu sur le nano-objet entouré dans l'image (de gauche) acquise en champ sombre (objectif x100). L'image (de droite) en champ clair montre une collection de nanoparticules dispersées (objectif x50). Le traits verticaux en pointillés montrent les raies lasers (532 nm, 638 nm et 785 nm) utilisées pour l'excitation SERS.

III.3. Diffusion Raman Exaltée de Surface (SERS)

L'étude Raman SERS présentée dans ce chapitre a porté au total sur 13 nano-objets isolés tels que ceux observés dans la Figure 10. Nous présentons ici une synthèse des résultats obtenus. La répétition des expériences sur plusieurs nano-objets nous a permis de tester la reproductibilité des résultats et de dégager ainsi les tendances générales des fluctuations inhérentes aux changements de taille, voire de forme d'un nano-objet à l'autre.

La Figure 11 présente les spectres de diffusion Raman d'un nano-objet isolé (tel que celui de la Figure 10, image en champ sombre) obtenus avec les trois raies lasers disponibles : 532, 638 et 785 nm. Les spectres ont été normalisés au même temps d'accumulation et à la même puissance laser, ce qui permet de comparer leurs intensités relatives. L'intensité Raman diffusée pour excitation à 638 nm est un ordre de grandeur plus importante que l'intensité excitée à 532 et 785 nm. Cette exaltation importante de la diffusion Raman pour une excitation proche de la résonance plasmonique d'un nano-objet métallique est ce qu'on appelle la Diffusion Raman Exalté de Surface (SERS en anglais). Cet effet a été observé systématiquement pour les 13 nano-objets étudiés. Les raies vibrationnelles observées sont toutes identifiables. Comme nous le discuterons plus loin, elles sont toutes dues aux vibrations intramoléculaires des molécules de surfactant à la surface des nano-triangles. Le spectre de diffusion Rayleigh du nano-objet n'a pas été enregistré systématiquement. Il est très probable que la résonance plasmonique du nano-objet en question soit décalée vers le rouge par rapport à celle du nano-objet de la Figure 10, ce qui expliquerait la forte résonance à l'excitation 638 nm par rapport à 532 nm.

III. Propriétés Plasmoniques et Spectroscopie de Diffusion Raman

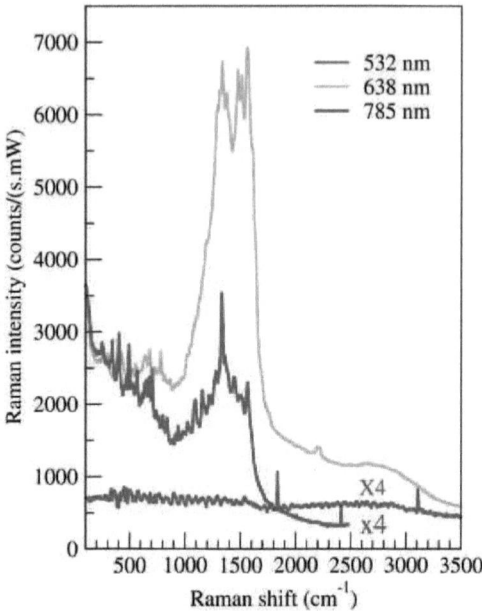

Figure 11. Spectres Raman d'un nano-objet isolé excité par les trois longueurs d'ondes laser indiquées dans la figure. Les intensités diffusées ont été normées par le temps d'accumulation (plusieurs minutes) et par la puissance des raies laser utilisées. L'axe des intensités est donc gradué en coups par seconde et par mW de puissance laser. Les spectres en vert (532 nm) et en rouge (785 nm) ont été multipliés par un facteur 4 pour plus de clarté.

III.4. Fluctuations temporelles de l'intensité SERS.

Les spectres Raman de la Figure 11 sont des spectres moyennés sur un temps d'accumulation de plusieurs minutes. En réalité, l'intensité Raman diffusée par un mode de vibration donné fluctue au cours du temps de façon impressionnante. En effet, un pic de diffusion intense à un instant donné peut disparaitre l'instant suivant. De la même façon un pic à peine visible peut devenir beaucoup plus intense (plusieurs ordre de grandeur) à un instant ultérieur.

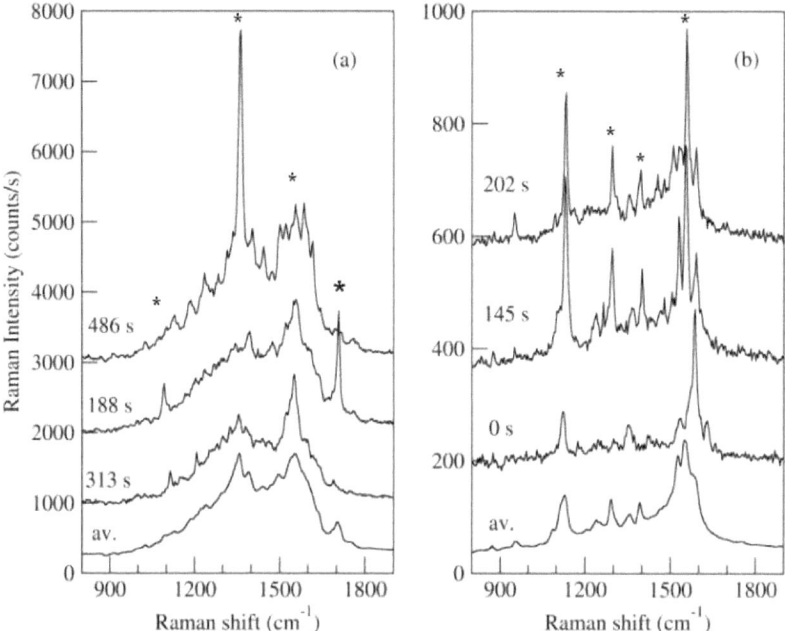

Figure 12. Spectres Raman de nano-objets isolés, excités à 638 nm, proche de la résonance plasmonique. Les spectres notés "av" sont les spectres moyennés par un temps d'accumulation de 10 min. Les spectres enregistrés aux différents instants indiqués montrent les fluctuations temporelles des intensités diffusées. Les deux séries (a) et (b) correspondent aux mesures effectuées sur deux nano-objets isolés tels que ceux de la Figure 10.

Ces fluctuations temporelles sont caractéristiques de l'effet SERS impliquant un faible nombre de molécules [7-10]. Elles sont connues dans la littérature sous la dénomination de "SERS blinking" [11-18] et ont été rapportées dès 1997 par Nie et Emory [19] qui ont observé ces changements soudains de l'intensité Raman diffusée par les modes de vibrations de molécules uniques. Leur origine exacte reste encore un sujet d'actualité dans le domaine du SERS. Plusieurs causes de ces fluctuations ont été avancées :

i) mécanisme de diffusion thermo-induite de molécules qui entrent et/ou sortent des points chauds plasmoniques [11-18]. Le signal SERS serait dominé par les molécules se trouvant à un instant donné dans ces points chauds.

(ii) mécanisme chimique, de transfert de charges, entre les molécules se trouvant à la surface de la nanoparticule et le gaz électronique photo-excité du métal. Ces transferts de charges pourraient induire le détachement des molécules ou leur chimisorption ce qui produirait des changements de conformation et donc de dynamique vibrationnelle transitoires [20-22].

(iii) un changement de la forme de la nanoparticule sous l'effet de l'excitation optique et de l'élévation de température qu'elle produit. Ce changement induirait des fluctuations temporelles du champ électrique local qui seraient responsable des fluctuations SERS. Cette hypothèse évoquée dans un article récent [14] est quand même remise en cause, par des expériences en TERS (Tip Enhanced Raman Scattering) sur molécules uniques où la pointe métallique, servant à produire l'effet SERS, est protégée par une fine couche d'alumine (2-3 nm). Dans ce cas, on constate une prolongation nette de la durée du phénomène de clignotement (blinking) de quelques minutes à plusieurs heures. Ces observations vont à l'encontre du mécanisme de transfert de charges dans la mesure où la couche d'alumine joue le rôle d'une barrière électronique. De même, la couche protectrice d'alumine rend difficiles les changements/réarrangement de formes locaux qui pourraient affecter la pointe métallique suite à son échauffement.

Si l'origine du clignotement SERS reste une question ouverte, les expériences montrent cependant que c'est un phénomène thermo-induit puisqu'il disparait partiellement à basse température [18,23]. De même, il a été clairement mis en évidence que le taux de fluctuations temporelles du signal SERS augmente linéairement en fonction de l'intensité du faisceau laser de sonde [24] sans que cela soit dû à l'échauffement de la nanoparticule.

L'étude que nous présentons dans la suite, même si elle n'a pas pour but de déterminer l'origine exacte du clignotement SERS, éclaire la dynamique des interactions molécule-surface métallique et contribue ainsi à cerner la physico-chimie locale sous-jacente de ce phénomène.

III.5. Modes de vibrations du PVP et du TREG libres

Les deux séries de mesures de la Figure 12, qui mettent en évidence le phénomène de clignotement SERS, sont représentatives de l'ensemble des mesures effectuées sur les 13 nano-objets. Sur la Figure 12-a, se sont les modes de vibrations du polyvinyle pyrolidone (PVP) qui dominent. Tandis que sur la Figure 12-b, se sont ceux du triéthyléne glycol (TREG). Cette attribution, qui sera détaillée plus loin, est basée sur des calculs de dynamique vibrationnelle effectués dans l'équipe du Pr. Younes Abid du Laboratoire de Physique Appliquée de Sfax. Ces calculs utilisent la théorie de la fonctionnelle de densité (DFT pour Density Functional Theory) qui permet de prévoir les structures et conformations moléculaires stables, leurs états électroniques fondamentaux, donc les énergies de liaison inter-atomiques et les fréquences des modes de vibrations propres. La méthode DFT a été largement utilisée dans la littérature pour identifier les modes de vibrations visibles sur les spectres de diffusion Raman ou d'absorption infrarouge.

A titre de démonstration la Figure 13 montre les spectres Raman du PVP (poudre) et celui calculé par la méthode DFT. Ce dernier est obtenu pour une molécule isolée évidemment, tandis que le spectre expérimental est mesuré sur une poudre de PVP. C'est pour cela que les intensités mais surtout les fréquences diffèrent. En particulier, les fréquences calculées pour les vibrations d'élongation CH sont autour de 3200 cm^{-1} tandis que la bande de vibration correspondante du spectre expérimental est vers 3000 cm^{-1}. Egalement, la fréquence de vibration du mode d'élongation de la liaison CO est calculée autour de 1791 cm^{-1} au dessus de la fréquence expérimentale de 1658 cm^{-1} [25]. Ces décalages sont bien connus dans la littérature et sont attribués à l'environnement de la molécule [26]. Celui-ci est constitué des autres molécules. Les interactions intermoléculaires décalent vers les basses fréquences les modes de vibrations, comme si le milieu environnent avait une certaine impédance mécanique qui ralentit le mouvement moléculaire. Afin de prendre en compte cet effet on applique à l'ensemble du spectre un facteur multiplicatif inférieur à 1, qui permet de rendre compte des fréquences des principales bandes observées. On voit sur la Figure 13 qu'un facteur 0.925 permet d'obtenir un accord satisfaisant mesure/calcul pour les modes d'élongation des liaisons CH et CO ainsi que pour le reste des bandes de vibration.

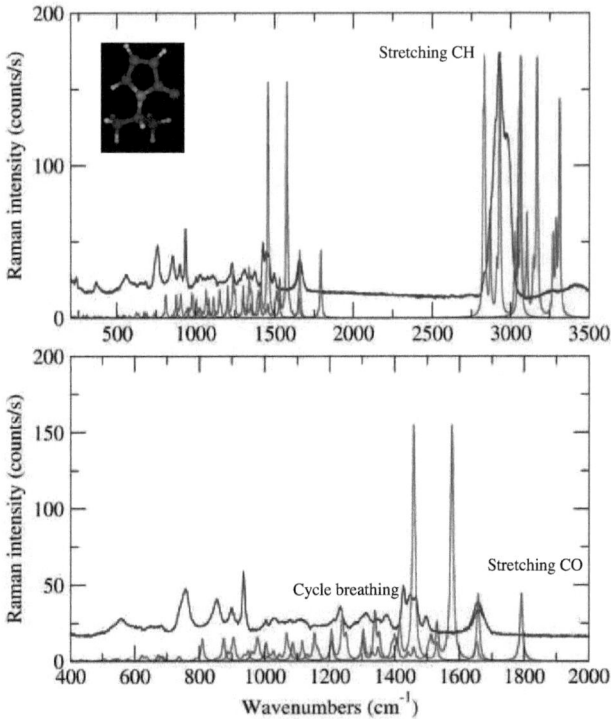

Figure 13. Spectres de diffusion Raman mesuré (en bleu) sur une poudre compacte de PVP et calculés par la méthode DFT (en rouge et vert). Le spectre calculé en vert est le même que le spectre en rouge mais tracé avec un facteur d'échelle de 0.925. La figure du bas montre les spectres dans une gamme de fréquences plus restreinte.

Comme nous le verrons dans la suite, la vibration CO du PVP joue un rôle important dans l'interaction molécule-nanoparticule. Il est donc important de bien caractériser sa fréquence de vibration dans le PVP "libre" afin de suivre son évolution dans le PVP "accroché" à la surface métallique. Il en va de même pour le TREG. La Figure 14 montre le spectre Raman du TREG calculé par DFT.

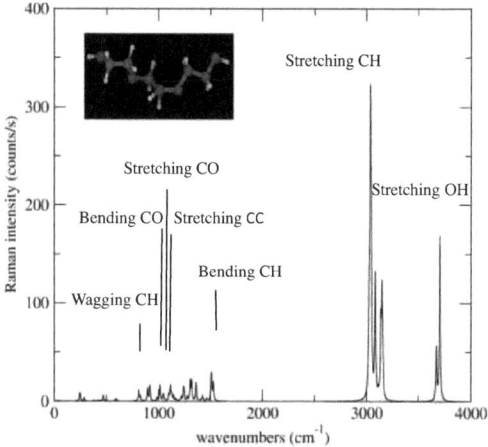

Figure 14. Spectre Raman du TREG libre calculé par la méthode DFT.

L'identification des raies vibrationnelles aux modes propres de vibrations sont indiquées grossièrement dans les Figures 13 et 14. Une attribution plus précise est donnée dans le tableau 3.

Tableau 3. Attribution des bandes Raman observées pour le PVP et le TREG.

PVP		*TREG*	
Fréquence Raman (cm⁻¹)	Attribution	Fréquence Raman (cm⁻¹)	Attribution
754	CC Chain	1045	C-O stretching
851	CC ring	1120	C–C stretching
900	CC braething	1276	CH_2 waging
1023	CC, CH_2 rock	1382	C-OH bending
1296	CH_2 wag, CN stretch	1480	C-H bending
1380	CH bend	2953	C-H stretching
1462	CH_2 cissor	3365	O-H stretching
1494	CN	-	-
1662	amide	-	-
1791	CO stretching	-	-
3200	C-H stretching	-	-

III.6. Attributions des raies vibrationnelles observées en SERS

L'attribution des Raies Raman observées en SERS n'est pas chose aisée compte tenu des fluctuations temporelles importantes de ce signal, d'autant plus que deux molécules, le PVP et le TREG, peuvent contribuer à la diffusion avec des signatures spectrales similaires. Afin de dégager des "constantes" dans ces fluctuations nous avons examiné les données expérimentales issues des 13 nano-objets étudiés. Ces données se présentent sous forme de vidéos montrant les fluctuations des spectres Raman. Chaque nano-objet est donc caractérisé par sa "trace SERS" temporelle. Nous avons pu identifier des signatures Raman qui étaient toujours présentes avec d'importantes fluctuations d'intensité. Ces raies sont celles indiquées par le signe '*' sur la Figure 12.

La raie vers 1700 cm^{-1} (voir Figure 12-a) peut sans ambigüité être attribuée au mode vibrationnel d'élongation de la liaison CO dans le PVP libre. Elle est très proche de celle observée dans le PVP sous forme de poudre et en bon accord avec les calculs DFT. De plus, le TREG ne possède aucune raie Raman dans cette gamme de fréquences (Figure 14). Ce qui est remarquable c'est que cette raie n'est pas toujours visible : par exemple, aux instants 313 et 486 s elle est quasiment invisible (Figure 12-a). Nous émettons donc l'hypothèse que l'absence de cette raie indique que la majorité du PVP autour de la nanoparticule est lié à la surface du métal et que de ce fait la fréquence de vibration du mode d'élongation de la liaison CO est fortement décalée en fréquence, c.à.d. pas de signal Raman autour de 1700 cm^{-1}. Une ou plusieurs molécules qui se "détacheraient" de la surface de la nanoparticule se trouveraient à l'état quasi-libre avec donc une vibration CO vers 1700 cm^{-1}. Nous reviendrons plus loin sur la raison pour laquelle ces molécules pourraient voir leurs liaisons avec la surface métallique rompues.

Par conséquent si nous voulons comprendre les spectres SERS et leurs fluctuations temporelles, les simulations DFT du PVP et du TREG libres sont insuffisantes. Il est nécessaire d'aller plus loin en considérant le système molécule-métal. Nous avons donc mené des simulations DFT avec le PVP ou le TREG liés à un seul atome d'or dans un premier temps.

Une approche de modélisation similaire a été proposée par Mdluli et al. [27] pour l'étude de l'interaction PVP-Au et PVP-Ag. Deux situations étaient envisagées : le PVP est lié à l'atome d'or par l'oxygène ou par l'azote. Les données expérimentales XPS (X-ray Photo-électron Spectroscopy) rapportées dans plusieurs travaux [28,29] montrent que le PVP se lie à l'or par l'oxygène grâce à une liaison du type donneur (PVP) - accepteur (Au). Nous nous limiterons donc dans la suite à cette situation, d'autant plus que rien dans nos données SERS n'indique une implication forte de l'azote dans l'interaction PVP-Au.

Dans les simulations DFT, la liaison PVP-Au ou TREG-Au peut être fixée ou laissée libre. Dans ce dernier cas la distance O-Au est optimisée au même titre que les longueurs des autres liaisons afin de minimiser l'énergie totale du système. Les spectres Raman calculés par DFT pour différentes distances O-Au sont présentés dans la Figure 15. On peut remarquer la sensibilité des modes de vibrations en termes de fréquences et d'intensités de raies Raman. Ces spectres simulés, même s'ils ne prennent pas en compte l'effet de résonance plasmonique, fournissent une assez bonne image des fluctuations d'intensité et de fréquence des raies Raman auxquelles on doit s'attendre si la distance O-Au venait à fluctuer pour une raison ou une autre.

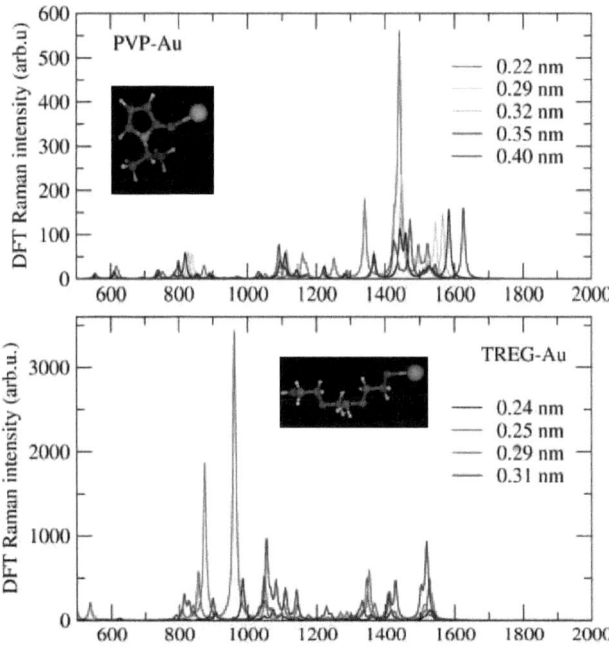

Figure 15. Spectres Raman calculés par DFT des systèmes PVP-Au et TREG-Au. La distance O-Au est indiquée pour chaque spectre.

En particulier, si on se concentre sur la gamme de fréquences 1500-1700 cm^{-1}, là où se trouve le mode vibrationnel d'élongation de la liaison CO, on peut suivre sa fréquence en fonction de la distance O-Au. La Figure 16 montre cette variation : la fréquence du mode d'élongation CO augmente linéairement en fonction de la distance Au-O pour rejoindre sa valeur dans le PVP libre (1791 cm^{-1}). L'interaction avec l'or ralenti le mouvement mécanique comme attendu. Dans la gamme 1500-1700 cm^{-1}, la superposition du spectre Raman moyenné dans le temps (Figure 16) et des spectres Raman calculés par DFT pour quelques distances Au-O montre que le spectre moyenné est la résultante de tous les modes d'élongations CO associés aux différentes distances Au-O. Autrement dit, le spectre Raman dans cette gamme est une bande élargie de façon inhomogène par les fluctuations de fréquences du mode d'élongation CO. Ceci est corroboré par les largeurs de bandes des spectres moyennés (spectres notés "av" dans la Figure 12-a) qui sont nettement plus importantes que celles des raies observées sur les spectres instantanés.

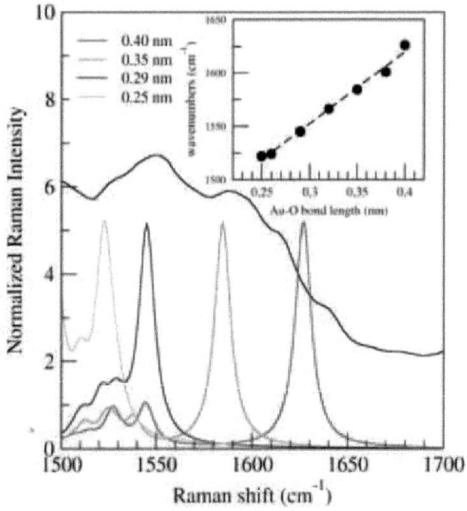

Figure 16. Spectre Raman expérimental moyenné sur plusieurs minutes (trait noir) et spectres calculés par DFT pour différentes distances O-Au indiquées dans la figure. La figure en insertion montre la fréquence du mode vibrationnel d'élongation de la liaison CO en fonction de la distance O-Au.

Finalement, en se basant sur les calculs DFT, on peut attribuer le signal SERS fin et intense observé vers 1700 cm^{-1} au mode d'élongation de la liaison CO du PVP libre et les raies

III. Propriétés Plasmoniques et Spectroscopie de Diffusion Raman

présentes dans la gamme 1500-1700 cm^{-1} au même mode mais dans le PVP lié à l'or par l'oxygène. Allons plus loin dans l'analyse et l'attribution des modes vibrationnels.

Dans le PVP, l'oxygène est lié au cycle pyroll. L'élongation de la liaison CO dans le PVP libre ou lié implique donc le mouvement de l'ensemble du cycle. Autrement dit, des modes de vibrations différents du cycle pyroll peuvent entrainer un mouvement d'élongation de la liaison CO. Par exemple, les deux pics intenses visibles dans le spectre Raman calculé par DFT pour une distance O-Au de 2.2 nm, sont associés à deux modes du cycle pyroll impliquant une forte élongation de la liaison CO (voir Figure 17). Le pic vers 1350 cm^{-1} correspond à un mouvement de respiration du cycle entrainant une élongation/contraction de la liaison CO (voir Figure 17). Le pic plus intense vers 1450 cm^{-1} est un mouvement de distorsion de l'angle formé par les deux carbones et l'azote du cycle. Ce mouvement entraine aussi une élongation/contraction de la liaison CO étant donné que l'un des deux carbones est commun à l'azote et à l'oxygène. Il se trouve que c'est justement autour de ces deux fréquences que nous observons deux raies Raman SERS (Figure 12-a) présentant d'importantes fluctuations d'intensité. Sur la base de cette constatation expérimentale et des calculs vibrationnels DFT, nous attribuons ces deux raies SERS aux deux modes du cycle pyroll entrainant avec eux une forte élongation/contraction de la liaison CO. Il est utile de noter que d'autres modes du cycle laissent la liaison CO quasiment immobile. Nous n'avons pas observé de raies Raman SERS remarquables aux fréquences attendues pour ces modes.

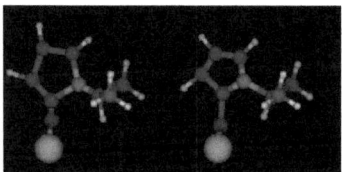

Figure 17. Déplacements atomiques dans le mode de respiration du cycle pyroll de fréquence 1342 cm^{-1}. On voit que ce mouvement implique une élongation/contraction de la liaison CO. La distance O-Au est de 0.22 nm (distance optimisée par le calcul).

On peut se demander pourquoi les raies remarquables qui apparaissent en SERS sont associées à des modes vibrationnels impliquant la liaison CO. La réponse réside bien sûr dans le fait que le PVP interagit avec le métal via l'oxygène. La liaison CO est donc en contact proche avec la surface. Elle se trouve immergée dans le champ proche optique généré par l'excitation laser accordée à la résonance plasmonique. De ce fait, des changements de conformation thermo-induits ou des réactions d'adsorption/désorption photo-induites entrainent des fluctuations importantes des intensités SERS associées aux modes vibrationnels de la liaison CO.

Nous venons d'attribuer quelques raies Raman SERS (indiquées par '*' dans la Figure 12) aux modes vibrationnels du PVP, libre ou lié, qui impliquent la liaison CO. Dans la figure 12, et sur l'ensemble des données vidéo que nous avons analysées, on peut remarquer une raie Raman SERS intense vers 1100 cm^{-1}. Dans le PVP libre ou lié, autour de cette fréquence, il n'y a aucun mode d'élongation/contraction de la liaison CO. On trouve par contre des modes impliquant les liaisons CC du cycle et des mouvements de groupes CH. En fait, dans ces synthèses en milieu polyol, le solvant, ici le TREG, participe à la stabilisation de la nanoparticule [30]. Le TREG peut donc se lier à la surface d'or.

Nous examinons cette hypothèse, en considérant un TREG déprotoné à un bout de la chaîne et lié à la surface d'or par l'oxygène (Figure 18). Comme pour le cas PVP-Au, la distance O-Au est laissée libre ou fixée, et pour chaque valeur nous calculons le spectre Raman par la méthode DFT (Figure 15). Ces spectres montrent encore une fois une grande sensibilité des fréquences des modes de vibrations et des intensités Raman associées à la force de l'interaction O-Au, représentée ici par la distance O-Au. Les modes de vibrations d'élongation/contraction des liaisons CO sont situés dans la gamme 900-1200 cm^{-1}, cette fois-ci.

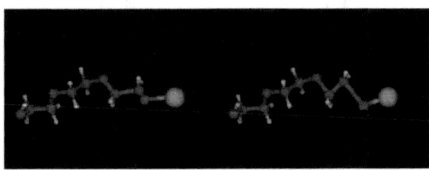

Figure 18. Déplacements atomiques de la chaîne TREG-Au à 986 cm^{-1}. A cette fréquence, l'élongation/contraction de la liaison CO en interaction directe avec l'atome d'Au est importante. La plus proche de l'atome d'Au a distance O-Au est de 0.24 nm (distance optimisée par le calcul).

Comme pour le PVP-Au, nous attribuons la raie Raman SERS observée vers 1100cm^{-1} (Figure 12-b) à la vibration d'élongation de la liaison CO en interaction directe avec l'atome d'Au. Le TREG-Au peut également contribuer à la diffusion Raman dans la gamme 1500-1600 cm^{-1} comme le montre les spectres calculés de la Figure 15. Dans cette gamme on trouve différents modes de vibrations (wagging, rocking) des groupes CH.

III. Propriétés Plasmoniques et Spectroscopie de Diffusion Raman

Pour un nano-objet, il n'y a pas forcément autant de molécules PVP que de molécules TREG qui environnent et stabilisent la nanoparticule. Nous avons constaté que pour certains nano-objets les raies Raman SERS caractéristiques du PVP-Au étaient plus présentes et visibles que celles du TREG-Au. C'est le cas par exemple du nano-objet de la Figure 12-a où le pic à 1100 cm^{-1} du TREG-Au est quasiment absent du spectre moyen. Dans d'autres nano-objets, comme celui de la Figure 12-b, au contraire la raie vers 1100 cm^{-1} du TREG-Au est très intense par instants (145 et 220 s) et clairement visible dans le spectre moyen. Entre ces deux situations extrêmes on trouve des situations intermédiaires sur l'ensemble des 13 nano-objets étudiés.

Le tableau ci-dessous résume les attributions des raies Raman SERS que nous avons pu proposer sur la base de nos mesures et des calculs DFT.

Tableau 4. Attribution des bandes Raman-SERS observées dans la région 900-1800 cm^{-1}.

Fréquence Raman mesurées (cm^{-1})	Attribution
900	CC braething
1023	CC, CH$_2$ rock
1080-1150	C-O stretching (TREG)
1296	CH$_2$ wag, CN stretch
1342	Respiration du cycle pyrrol
1380	CH bending
1450	Distortion du cycle pyrrol (C-N-C)
1494	CN
1662	amide
1685-1730	CO stretching (PVP)

Les calculs DFT ont été très utiles à l'identification des raies Raman. Ils appellent deux remarques importantes. Tout d'abord dans ces calculs, la molécule de PVP ou de TREG est liée à un seul atome d'or. La nanoparticule est constituée de dizaines de milliers d'atomes et on peut se demander si le modèle choisi est réaliste. La densité électronique à la surface de la nanoparticule peut changer en fonction de la taille de la nanoparticule ce qui peut modifier l'interaction molécule-surface métallique. Nous ne prétendons pas rendre compte quantitativement de cette interaction. Il se peut que, dans notre modèle, la longueur de la liaison O-Au pour le PVP-Au ou le TREG-Au (quand elle est laissée libre et optimisée par le calcul) soit surestimée. C'est pour cela, entre autres, que nous avons artificiellement fixé la longueur de la liaison O-Au à différentes valeurs ce qui permet de moduler l'interaction PVP-Au et TREG-Au et d'apprécier l'impact de cette modulation sur la dynamique vibrationnelle.

La deuxième remarque porte sur la signification qu'on peut donner à un système PVP-Au ou TREG-Au dans lesquels la longueur de la liaison O-Au est imposée. En fait, en introduisant un ensemble de longueurs de liaisons O-Au distribuées entre la valeur la plus faible de 0.22 nm jusqu'à 0.4 nm (dans le cas du PVP-Au) on décrit un ensemble d'interactions de différentes intensités entre la molécule et la surface de la nanoparticule. Nous pouvons imaginer que dans la réalité les molécules de PVP et de TREG sont en interaction dynamique, fluctuante dans le temps, avec la surface métallique, et suivant leur localisation spatiale dans l'environnement immédiat de la surface. C'est donc très certainement un phénomène spatio-temporel complexe. Faire varier la distance O-Au est un moyen simple, et peu coûteux en temps de calcul, permettant de décrire un continuum d'états d'interaction molécule-surface de la nanoparticule.

III.7. Dynamique de l'interaction molécules-nanoparticule

Une fois les principales raies Raman SERS identifiées, il devient possible d'utiliser les fluctuations temporelles de ce signal spectroscopique, issu de quelques molécules entourant un nano-objet isolé, pour sonder la dynamique de l'interaction molécules-nanoparticule. Nous avons une signature chimique de l'environnement de la nanoparticule, environnement qui évolue sans cesse au cours du temps provoquant des changements spectraux soudains. La forme la plus adaptée à la présentation de ces changements est la vidéo qui permet de visualiser et d'apprécier les corrélations qui peuvent exister dans les évolutions temporelles de différentes signatures spectrales.

Faute de pouvoir présenter des vidéos nous avons adopté la procédure suivante: tout d'abord nous avons normé les spectres SERS bruts de manière à nous affranchir des variations dues à un signal de fond sur lequel sont visibles les raies Raman. Puis, nous avons intégré spectralement le signal SERS dans les gammes de fréquences des modes de vibrations d'élongation de la liaison CO caractéristiques du PVP, du PVP-Au et du TREG-Au. Les spectres sont enregistrés toutes les 0.5 s et ce traitement est effectué pour chaque spectre. Les traces temporelles ainsi obtenues sont présentées dans la Figure 19. Notre résolution temporelle est donc de 0.5 s; elle peut être réduite à 0.1 s (sur notre dispositif) au détriment d'une perte de l'intensité du signal.

III. Propriétés Plasmoniques et Spectroscopie de Diffusion Raman

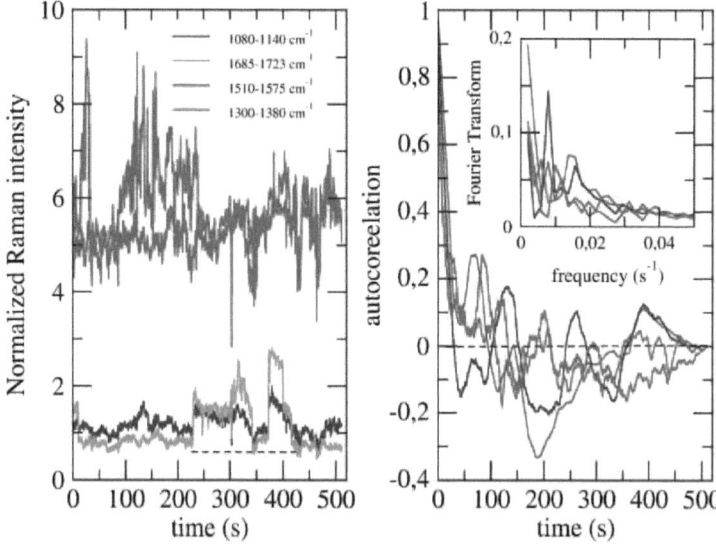

Figure 19. A droite les traces temporelles des signaux SERS enregistrés dans quatre gammes spectrales : 1685-1723 cm^{-1} vibration CO-PVP libre, 1510-1575 cm^{-1} vibration CO-lié, 1300-1380 cm^{-1} vibration CO-PVP lié, 1080-1140 cm^{-1} vibration CO-TREG lié. Le trait horizontal en pointillés désigne la gamme 230-420s discutée dans le texte. A gauche les fonctions d'autocorrélation temporelles des signaux SERS dans les mêmes gammes de fréquences (code couleur). L'encart dans la figure, montre les transformées de Fourier des signaux d'autocorrelation.

Comme on peut le constater sur la Figure 19, les traces temporelles sont très fluctuantes ce qui traduit les changements soudains du signal SERS dans les différentes gammes de fréquences. Considérons la trace temporelle associée à la vibration d'élongation de la liaison CO du PVP libre (1685-1723 cm^{-1}). Ce signal est faible au début de la séquence et le reste jusqu'à 230 s après le début de l'enregistrement. Cela veut dire que l'on n'observe pratiquement pas de PVP libre. Presque toutes les molécules sont liées à la surface de la nanoparticule. Au bout de 230s, ce signal devient intense car des molécules de PVP se détachent de la surface; il reste intense et fluctuant jusqu'à 420s environ puis redevient faible indiquant ainsi que les molécules de PVP libérées se relient avec la surface de la nanoparticule d'or. On voit ici comment ces traces temporelles SERS permettent de suivre l'activité d'un petit ensemble de molécules en interaction avec la surface d'un nano-objet. Les

III. Propriétés Plasmoniques et Spectroscopie de Diffusion Raman

instants de début (230s) et de fin (420s) de cette séquence ne sont pas fondamentaux. Ces phénomènes sont aléatoires et peuvent se déclencher à tout instant puis disparaitre après une certaine durée. Sur le nano-objet de la Figure 10, la durée de cette séquence apparition de PVP libre - disparition est de 190s soit près de 3 minutes. Cela ne veut pas dire que la durée de vie moyenne du PVP libre est de 3 minutes car nous ne sondons pas une seule molécule mais un ensemble de molécules qui environnent la nanoparticule. Pendant ces trois minutes il peut y a voir une série d'évènements où quelques molécules se détachent tandis que d'autres se relient à la surface d'or. C'est pour cela que dans l'intervalle de 3 minutes l'intensité SERS de la vibration CO du PVP libre continue à fluctuer de façon importantes. Ces fluctuations peuvent être également plus rapides que notre résolution temporelle de 0.5s. Néanmoins, on peut affirmer que, comparativement à d'autres instants, pendant ces trois minutes nous avions "beaucoup" de PVP libre autour de la nanoparticule. Nous avons observé de telles séquences sur quelques uns des 13 nano-objets étudiés.

Afin de caractériser quantitativement les fluctuations de l'intensité Raman SERS, nous avons calculé les fonctions d'autocorrélations temporelles (Figure 19) de ce signal. Ces fonctions permettent de détecter des corrélations temporelles dans les traces SERS. Une trace SERS fluctuant aléatoirement aura une exponentielle décroissante comme fonction d'autocorrélation; le paramètre de décroissance de cette exponentielle renseigne sur le taux de fluctuations. Si elle présente des oscillations régulières cela reflète un caractère périodique du phénomène temporel. On peut voir que l'autocorrélation du signal SERS de la vibration CO du PVP libre (1685-1723 cm^{-1}) n'est pas une exponentielle décroissante ; elle présente quelques oscillations. La transformée de Fourier de la fonction d'autocorrélation (encart de la Figure 19) permet d'apprécier l'importance du caractère périodique. En effet, on peut identifier deux fréquences de Fourier à 0.008 s^{-1} et 0.015 s^{-1} dans le cas de la trace temporelle SERS associée au mode d'élongation CO du PVP libre. Ces fréquences caractérisent certainement les phénomènes physico-chimiques sous-jacents qui déterminent la dynamique temporelle des interactions molécules-surface de la nanoparticule. Remonter à l'origine physique de ces deux fréquences de Fourier nécessite une modélisation détaillée de ces phénomènes. Néanmoins, au vue de l'analyse par la fonction d'autocorrelation et par sa transformée de Fourier nous pouvons conclure que les fluctuations du signal SERS associé à la vibration CO du PVP libre ne sont pas aléatoires. Cet écart par rapport à un comportement aléatoire peut se justifier en admettant que si un groupe de molécules de PVP se détache de la surface de la nanoparticule, il va avoir tendance à y retourner et le cycle de détachement/rattachement peut recommencer.

Il est intéressant d'examiner ce qui se passe dans les autres gammes de fréquences. On retrouve le même type de séquence SERS dans la gamme, 1080-1140 cm^{-1}, de la vibration d'élongation de la liaison CO dans le TREG lié à la surface de la nanoparticule (Figure 15). Comme dans le cas du PVP, le TREG peut se détacher et se relier à la surface de la nanoparticule ce qui cause des fluctuations d'intensité SERS dans la gamme de vibration de la liaison CO : une intensité SERS importante dans la gamme 1080-1140 cm^{-1} indique la présence de liaisons TREG-Au. On peut remarquer que dans l'intervalle 230-420s discuté plus haut (pointillés dans la Figure 19), les traces temporelles SERS associées aux vibrations d'élongation CO dans le PVP libre et dans le TREG-Au sont parfaitement corrélées alors qu'elles le sont peu en dehors de cet intervalle. Cette constatation est renforcée par la fonction d'autocorrélation du signal SERS du TREG-Au qui présente des oscillations nettes analogues à celles observées dans le cas du PVP libre. Sa transformée de Fourier fait apparaitre les deux fréquences de Fourier 0.008 et 0.015 s^{-1} comme pour le signal SERS du PVP libre. On peut expliquer ces corrélations temporelles entre les signaux SERS TREG-Au et PVP libre en émettant l'hypothèse que des molécules de PVP se détachent de la surface de la nanoparticule sont remplacées par des molécules de TREG. C'est un échange occasionnel de molécules PVP liées à la surface d'or par des molécules de TREG. Ceci n'arrive pas systématiquement mais sporadiquement.

Les traces temporelles SERS dans les autres gammes de fréquences 1300-1380 cm^{-1} et 1510-1575 cm^{-1} ont des allures similaires à celles dont nous venons de discuter (TREG-Au et PVP libre). Elles sont caractérisées par de fortes fluctuations d'intensité. Elles semblent aléatoires à première vue mais on peut y déceler quelques corrélations avec le signal du PVP libre. En effet, l'autocorrélation de la trace SERS 1510-1575 cm^{-1} présente des oscillations confirmée par la présence d'une fréquence de Fourier à 0.01 s^{-1}. Rappelons que dans cette gamme se trouve les vibrations d'élongation de la liaison CO du PVP lié à l'or. Les molécules de PVP liées, et qui le restent, ne sont pas spectatrices elles sont concernées par celles qui se détachent et celles qui se lient car ces processus entrainent des réarrangements moléculaires (encombrement stérique, changements de conformation) qui peuvent se refléter dans la trace temporelle du signal SERS associé aux molécules de PVP liées.

Quel est le rôle de l'excitation optique dans la dynamique de l'interaction molécule surface et les fluctuations temporelles du SERS? Afin d'aborder cette question et de tenter d'y répondre, sur un nano-objet nous avons mesuré les spectres Raman et leurs fluctuations temporelles pour une excitation à 785 nm, plus éloignée de la résonance plasmonique. Les résultats sont présentés dans la Figure 20.

III. Propriétés Plasmoniques et Spectroscopie de Diffusion Raman

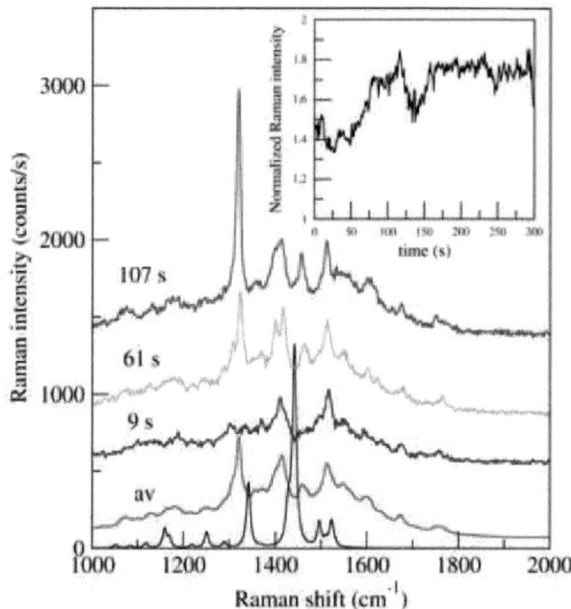

Figure 20. En couleur, les spectres Raman mesurés à différents instants pour une excitation optique à 785 nm. En noir le spectre Raman, calculé par DFT, du PVP-Au avec une distance O-Au de 0.22 nm. En insertion la trace temporelle du signal SERS entre 1300 et 1600 cm^{-1}.

Sur ce nano-objet, le spectre Raman est dominé par les raies vibrationnelles du TREG-Au. Le spectre Raman, calculé par DFT, pour une molécule de PVP-Au avec une longueur de liaison O-Au de 0.22 nm est en bon accord général avec les spectres mesurés. La raie Raman, vers 1100 cm^{-1}, caractéristique du TREG-Au est très peu présente ainsi que celle du PVP libre (vers 1700 cm^{-1}). Pour cette excitation optique à 785 nm, on observe des fluctuations d'intensité des raies Raman. Les spectres instantanés de la Figure 20 montrent les variations soudaines les plus marquées. Ces variations restent cependant modérées par rapport à une excitation à 638 nm. En atteste la trace temporelle du signal SERS dont l'amplitude est modeste par rapport à celles de la Figure 12.

Sur toute la durée de la séquence (10 minutes) nous n'avons pas observé de PVP libre, c'est à dire pas de détachements de molécules de PVP de la surface d'or. Les fluctuations SERS observées relèvent plus des changements d'orientations et de conformations moléculaires que de phénomène physico-chimiques plus intenses tels que ceux observés pour une excitation à 638 nm. Ceci suggère que l'excitation optique joue un rôle dans le phénomène de fluctuations du signal SERS. Certains travaux ont montré que le taux de fluctuations augmente (linéairement) en fonction de l'intensité du faisceau laser d'excitation [24]. Ici, nous observons que ces fluctuations sont moins marquées pour une excitation décalée par rapport à la résonance plasmonique et pas de changements profonds tels l'apparition et disparition de PVP libre (Figure 20).

III.8. Mécanismes chimiques photo-induits et interaction molécule-nanoparticule

L'absorption des photons d'un faisceau laser, dont la longueur d'onde est accordée à la résonance plasmonique, est très efficace. Ces photons sont convertis en oscillations collectives du gaz d'électrons, c'est à dire en plasmons, dont la durée de vie est de l'ordre de la dizaine de femtosecondes [31]. Au bout de ce temps caractéristique, les plasmons sont convertis en paire électrons-trous. Dans l'or, se sont des transitions électroniques de la bande d en dessous du niveau de Fermi vers la bande s au dessus du niveau de Fermi comme schématisé dans la Figure 21. L'énergie de la transition est égale à celle du photon absorbé. Ces électrons et ces trous finissent par céder leur énergie aux vibrations du réseau de la nanoparticule (excitation de phonons du cristal d'or) et de son environnement. Ils peuvent également céder leur énergie en amorçant des réactions chimiques à la surface de la nanoparticule. C'est sur ce principe que sont basées les applications en photo-catalyse utilisant des nanoparticules semiconductrices [32,33] ou hybrides semiconducteur/métal [34].

Ces paires électrons-trous photo-générées peuvent donc induire des réactions d'échange d'électrons entre les molécules adsorbées à la surface et la nanoparticule, conduisant à la libération de molécules de PVP ou de TREG. Ceci ne peut se produire que si l'énergie adsorbé ($E_{\text{électron-trou}}$) est supérieure à l'énergie de la liaison Au-O ($E_{\text{Au-O}}$). La Figure ci-dessous présente quelques mécanismes réactionnels possibles.

Le fait que l'on n'observe pas de PVP libre pour une excitation laser à 785 nm, pourrait être dû au fait que l'énergie absorbée à cette longueur d'onde est insuffisante pour rompre la liaison Au-O ($E_{\text{électron-trou}} < E_{\text{Au-O}}$). De plus, cette excitation étant décalée par rapport à la résonance plasmonique, l'absorption optique est peu efficace et la génération de paires électrons-trous également. Par conséquent, une molécule liée à la surface de la nanoparticule ne peut pas récupérer sont doublet électronique et se libérer. Elle peut néanmoins se trouver dans un état excité suite à l'absorption optique ; on observe alors des fluctuations du signal SERS dues à des changements de conformations et d'orientations moléculaires thermo et photo-induits (Figure 20).

III. Propriétés Plasmoniques et Spectroscopie de Diffusion Raman

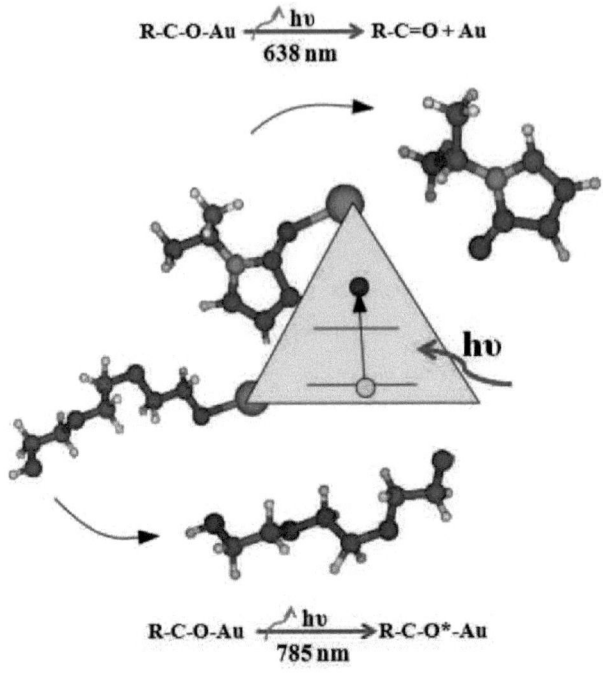

Figure 21. Mécanismes réactionnels proposées au cours de l'excitation des molécules (PVP et TREG) adsorbées à la surface des nanotriangles d'or.

III.9. Conclusion

Nous avons mené une étude des propriétés plasmonique et SERS de nano-objets isolés s'appuyant sur des expériences exigeantes (choix des nano-objets, choix des paramètres d'excitation optiques, statistiques importantes) et des modélisations poussées (réponse plasmonique par DDA et dynamique vibrationnelle par DFT). L'acquisition des spectres Raman SERS en fonction du temps nous a permis de suivre la dynamique des espèces chimiques PVP et TREG présentes à la surface de la nanoparticule et dans son environnement proche. L'image de molécules stables et figées est loin de la réalité. Les traces temporelles SERS nous révèlent un ensemble de molécules en mouvements et en interaction dynamique avec la surface d'or. Les calculs DFT ont été d'une très grande utilité dans l'identification des raies vibrationnelles observées en SERS. Les intensités Raman calculées par DFT ne sont pas représentatives car elles s'appuient sur un modèle de diffusion inélastique de la lumière qui est valable pour une excitation non résonante; nos mesures sont effectuées en excitation résonante avec les plasmons de surface des nanoparticules. Cependant, les calculs DFT fournissent une excellente représentation de la dynamique vibrationnelles. Nous avons pu voir que se sont les modes d'élongation des liaisons CO, impliquées directement dans l'interaction avec la surface d'or, qui étaient les plus souvent présents dans nos spectres et qui montraient les fluctuations d'intensité SERS les plus importantes. Nous nous sommes alors concentrés sur les gammes spectrales correspondantes et avons pu suivre quelques "histoires" d'interactions molécules-nanoparticule.

Il faut souligner que ces histoires sont ici révélées par la sonde optique Raman. La sonde participe à la dynamique de l'interaction molécules-nanoparticule par la photo-génération de paires électrons-trous via la résonance plasmonique. Ces paires électrons-trous peuvent catalyser des réactions de dissociations des molécules de la surface de la nanoparticule. Afin de minimiser l'impact de la sonde qui conviendra de limiter l'intensité du faisceau laser de sonde.

IV. Etude préliminaire du pouvoir hyperthemique des nanoparticules synthétisées

Les applications visées dans ce travail de thèse sont, en premier lieu, dans le domaine de la nanomédecine et plus particulièrement dans l'utilisation de l'effet hyperthermique pour la destruction de tumeurs cancéreuses localisées. Il est donc intéressant d'évaluer le pouvoir chauffant des nanoparticules d'or élaborées. Pour cela, des mesures d'élévation de température par excitation optique ont été réalisées au Centre d'Elaboration de Matériaux et d'Etudes Structurales. Nous présentons ici les résultats préliminaires obtenus sur des nanoparticules d'or de 100 nm de taille moyenne.

La source d'excitation optique est un laser Ti:Sa accordable (Figure 22). La mesure de la température est réalisée en temps réel grâce à une caméra thermique infrarouge (marque TESTO). La précision sur la mesure d'une élévation de température est de 0.1. Les principaux paramètres expérimentaux que l'on peut faire varier sont la concentration de la solution colloïdale en nanoparticules, la puissance et la longueur d'onde du laser d'excitation. La longueur d'onde d'excitation a été fixée ici à 730 nm, proche de la résonance plasmonique des nanoparticules en solution. La concentration de la solution colloïdale n'a pas été modifiée. Cependant, plutôt que d'opérer des mesures d'hyperthermie directement sur la solution colloïdale, nous avons choisi de travailler sur des dépôts de solution sur lame de verre. Ainsi, les phénomènes de dissipation de la chaleur sont plus contrôlables et l'on se rapproche de conditions d'utilisations réelles des nanoparticules dans des expériences in-vitro de destructions de cellules tumorales [35,36].

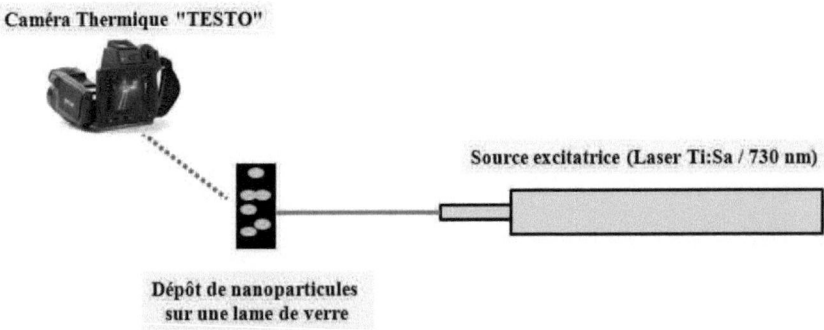

Figure 22. Dispositif expérimental adopté pour les mesures d'hyperthermie optique.

La Figure 23 montre une image d'un dépôt de nanoparticules sur lequel ont été réalisées les mesures d'hyperthermie. Le dépôt se présente sous forme d'une couche quasicontinue d'agrégats de nanoparticules. Le faisceau laser d'excitation est en incidence normale par rapport à la lame de verre; il n'est pas focalisé sur la surface et la taille du spot laser d'excitation est de l'ordre de 1 mm². La puissance du laser est variée de 50 mW à 500 mW, ce qui correspondant à une intensité de 5 W/cm² à 50 W/cm² qui sont les valeurs typiques utilisées dans les expériences in-vitro et in-vivo de destruction de cellules tumorales [35-37].

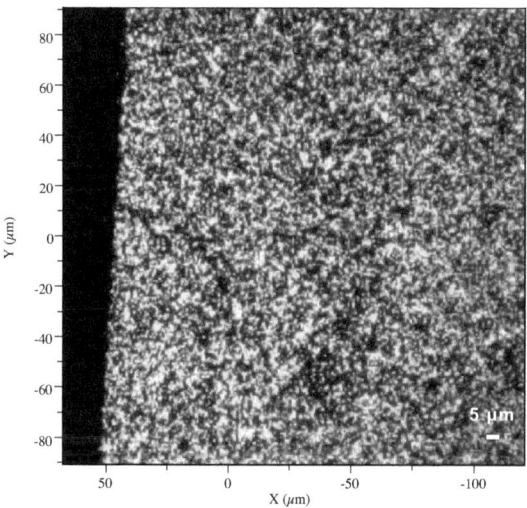

Figure 23. Dépôt des nanoparticules d'or sur lequel ont été réalisées les mesures d'hyperthermie.

La mesure consiste à enregistrer une séquence vidéo, en imagerie thermique infrarouge, à partir du temps initial de déclenchement de l'irradiation laser. Les séquences vidéo permettent de suivre la dynamique de l'élévation de la température. La Figure 24 montre les élévations de température mesurées en fonction du temps et pour des irradiations laser croissantes. Les nanoparticules chauffent dès le début de l'excitation laser et atteignent une température finale dépendante de la puissance du laser. Elles chauffent d'autant plus vite que la puissance du laser augmente. Le tableau 5 résume ces données.

IV. Etude préliminaire du pouvoir hyperthemique des nanoparticules synthétisées

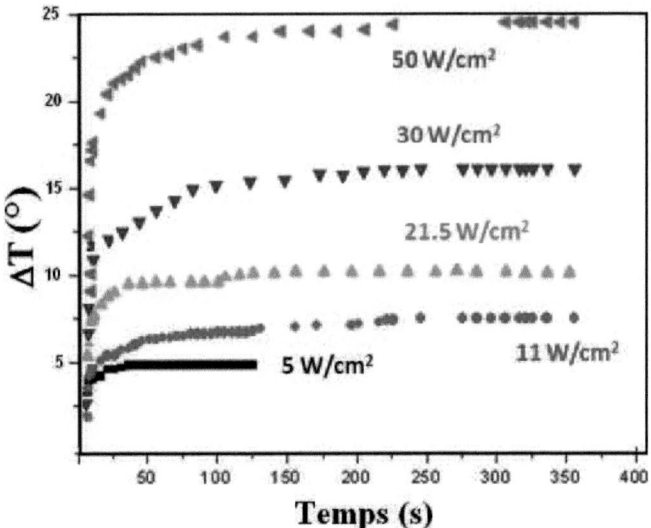

Figure 24. Courbes de l'évolution en fonction du temps de la température des particules d'or en présence d'une source excitatrice de 730 nm avec différentes puissances (50-500 mW).

Tableau 5. Récapitulatif de la variation de la température en solution en fonction de la puissance du laser.

Intensité laser (W/cm^2)	5	11	21.5	30	50
ΔT (°)	3.5	5.5	8	14.5	23
T_{finale} (°C)	23.5	26.7	29.3	35	43.7
V (°/s)	0.5	0.625	1	1.2	2.7

L'intérêt de ces mesures dynamiques réside dans la caractérisation quantitative du pouvoir hyperthermique des nanoparticules par l'estimation de leur coefficient SAR (Specific Absorption Rate en anglais).

En effet, en utilisant l'équation de Fourier de propagation/diffusion de la chaleur à partir d'un volume V auquel on apporte de l'énergie, on peut estimer la température de ce volume à tout instant t en prenant en compte sa masse volumique ρ et sa capacité thermique massique C. En admettant que la température est uniforme à l'intérieur du volume V, son évolution au cours du temps est donnée par

$$T = T_0 + NQR (1 - e^{-t/\tau}) \quad \text{avec} \quad \tau = R\rho CV$$

où T_o est la température initiale ambiante, N est le nombre de nanoparticules dans le volume V, Q est la puissance en W absorbée/dissipée par chaque nanoparticule et R en K/W est la résistance thermique qui traduit les pertes de chaleur du volume V vers le milieu qui l'environne. τ est un temps caractéristique de l'augmentation de la température en fonction du temps. Au bout d'un temps très grand (devant τ) la température cesse d'évoluer. Elle se stabilise à la valeur $T = T_o + NQR$; l'élévation de température est définie comme $\Delta T = NQR$. Celle-ci ne dépend en effet que de l'équilibre entre génération NQ (en W) et pertes R (K/W) d'énergie. Plus l'intensité laser est grande et plus la puissance absorbée NQ par les nanoparticules, et dissipée, dans le volume V est grande. C'est ce que l'on observe en effet dans la Figure 24.

Le SAR est défini comme

$$SAR = C\ dT/dt$$

Il se mesure en W/kg et caractérise donc la puissance en W thermiques générés par kg de matière "excitée". Compte tenu de l'expression de T(t) on a

$$dT/dt = NQR/\tau \text{ pour } t \ll \tau$$

et en utilisant l'expression de τ, le SAR peut être relié à la densité de nanoparticules, à leur masse volumique et à la puissance absorbée/dissipée par chaque nanoparticule

$$SAR = C\ dT/dt = nQ/\rho$$

La vitesse initiale (t $\ll$ τ) d'augmentation de la température, accessible à travers les données de la Figure 24, permet donc de déterminer le SAR. Celui-ci est indépendant des pertes thermiques (paramètre R), c'est une caractéristique des nanoparticules (densité n, taille, forme) et du faisceau laser d'excitation car $Q = \sigma_{abs}\ I$; σ_{abs} (en cm^2) étant la section efficace d'absorption optique des nanoparticules à la longueur d'onde du laser excitateur. Elle dépend de la taille et de la forme des nanoparticules. I (en W/cm^2) est l'intensité du laser. Les courbes expérimentales de la Figure 24 permettent donc de déterminer le SAR grâce à la pente à l'origine à l'origine (Tableau 5). Par exemple, celle-ci est de l'ordre de dT/dt = 2.7 /s pour 50 W/cm^2. En utilisant pour la chaleur spécifique de l'or C = 130 J/(kg K) [38] on obtient

$$SAR = 351\ W/kg\ (pour\ I = 50\ W/cm^2)$$

A partir des essais in-vivo sur le cancer de la prostate chez le rat, on estime qu'un échauffement efficace par des nanoparticules magnétiques soumises à un champ magnétique oscillant nécessite un SAR de 300 W/kg [39], ce qui est équivalent à la valeur obtenue ici par hyperthermie optique.

Il a été démontré par Halas et coll. [40], qu'une augmentation de la température au delà de 7°C, entraine une destruction complète de cellules cancéreuses. La Figure 24, montre qu'à une puissance laser de 215 mW (correspondant à une intensité de 21.5 W/cm^2), l'augmentation de la température au niveau des nanoparticules excitée atteint 8°C au bout d'une minute à peu près. Cette température est suffisante pour provoquer l'apoptose et la nécrose des cellules cancéreuses.

L'étude présentée ici est préliminaire. Elle a pour but de décrire la procédure expérimentale, basée sur la vidéo thermique, et les outils d'interprétation utilisant l'équation de Fourier. La mesure du SAR de nanoparticules métalliques, excitées optiquement sur leur résonance plasmonique, est relativement aisée. Il convient cependant de maitriser certains paramètres comme la concentration de métal dans la solution colloïdale afin de comparer le SAR de nanoparticules de taille et de forme différentes par exemple. Dans le futur, il serait très utile de reprendre ces caractérisations de l'effet hyperthermique optique sur des tissus synthétiques – ou « fantômes » – qui sont des matériaux solides ou liquides conçus pour simuler certaines propriétés spécifiques des tissus humains. Le couplage avec des équipes bio-médicales sera alors nécessaire.

V. Références bibliographiques

[1] M. Figlarz, F. Fiévet, J-P. Lagier, Brevet européen, USA N°4539041 (1985).
[2] L. Poul, S. Ammar, N. Jouini, F. Fiévet, J. Sol-Gel Sci. & Technology 26 (2003) 261-265.
[3] O. Palchik, J. Zhu, A. Gedanken, J. Mater. Chem. 10 (2000) 1251-1254.
[4] X. Xia, J. Zeng, L. Kyle Oetjen, Q. Li and Y. Xia, J. Am. Chem.Soc. 134 (2012) 1793–1801.
[5] E. Jill Millstone, J. Sarah Hurst, S. Gabriella Métraux, I. Joshua Cutler, and A. Chad Mirkin, Small 5 (2009) 646–664
[6] R. Marty, G. Baffou, A. Arbouet, C. Girard and R. Quidant, Opt. Express 18 (2010) 3035-3044.
[7] C.C. Neacsu, J. Dreyer, N. Behr, M.B. Raschke, Phys. Rev. B 73 (2006) 193406–193409.
[8] K.F. Domke, D. Zhang, B.J. Pettinger, Phys. Chem. C 111 (2007) 8611–8616.
[9] W. Zhang, B.S. Yeo, T. Schmid, R. Zenobi, J. Phys. Chem. C 111 (2007) 1733–1738.
[10] T. Ichimura, H. Watanabe, Y. Morita, P. Verma, S. Kawata, Y. Inouye, J. Phys. Chem. C 111 (2007) 9460–9464.
[11] A.Otto, J. Raman Spectrosc. 33 (2002) 593–598.
[12] M. Ishikawa, Y. Maruyama, J.Y. Ye, M. Futamata, J. Biol. Phys. 28 (2002) 573–585.
[13] M. Futamata, Y. Maruyama, M. Ishikawa, Vib. Spectrosc. 30 (2002) 17–23.
[14] L. Rebecca Agapov, V. Andrey Malkovskiy, P. Alexei Sokolov and D. Mark Foster, J. Phys. Chem. C 115 (2011) 8900–8905.
[15] M. Ishikawa, J.Y. Ye, Y. Maruyama, M. Futamata, J. Lumin. 98 (2002) 81–89.
[16] Y. Maruyama, M. Ishikawa, M. Futamata, J. Phys. Chem. B 108 (2004) 673–678.
[17] Y. Maruyama, M. Ishikawa, M. Futamata, J. Phys. Chem. B 108 (2004) 13119–13127.
[18] R. Steven Emory, A. Rebecca Jensen, Teresa Wenda, Mingyong Han and Shuming Nie, Faraday Discuss. 132 (2006) 249-259.
[19] S. Nie, S. R. Emory, Science 275 (1997) 1102−1106.
[20] A. Weiss, G. Haran, J. Phys. Chem. B 105 (2001) 12348–12354.
[21] D.B. Lukatsky, G. Haran, S. Safran, A. Phys. Rev. E 67 (2003) 062402/1–062402/4.
[22] J. Jiang, K. Bosnick, M. Maillard, L. E. Brus, J. Phys. Chem. B 107 (2003) 9964–9972.
[23] A. Ken Bosnick, Jiang and E. Louis Brus, J. Phys. Chem. B, 106 (2002) 8096-8099.
[24] Amir Weiss and Gilad Haran, J. Phys. Chem. B 105 (2001) 12348-12354.
[25] Y. Borodko, E. Susan Habas, M. Koebel, P. Yang, H. Frei and A. Gabor Somorjai, J. Phys. Chem. B 110 (2006) 23052-23059.
[26] A. Kedia and P. Senthil Kumar, J. Phys. Chem. C 116 (2012) 23721-23728.

[27] S. Phumlane Mdluli, M. Ndabenhle Sosibo, N. Revaprasadu, P. Karamanis, J. Leszczynski, J. Mol. Struct. 935 (2009) 32–38.

[28] H. H. Huang, X.P. Ni, G.L. Loy, C.H. Chew, K.L. Tan, F.C. Loh, J.F. Deng and G.Q. Xu, Langmuir 12 (1996) 909–912.

[29] P. Jiang, J.J. Zhou, R. Li, Y. Gao, T.L. Sun, J. Nanopart. Res. 8 (2006) 927–934.

[30] A. Mezni, F. Kouki, S. Romdhane, B. Warot-Fonrose, S. Joulié, A. Mlayah and L.S. Smiri, Mater. Lett. 86 (2012) 153-156.

[31] A. Moores and F. Goettmann, New J. Chem. 30 (2006) 1121–1132.

[32] X. Zhao, Y. Wu, X. Hao, Int. J. Electrochem. Sci. 8 (2013) 3349 – 3356.

[33] P. Li, Z. Wei, T. Wu, Q. Peng and Y. Li, J. Am. Chem. Soc. 133 (2011) 5660-5663.

[34] Z. Wei Seh, S. Liu, M. Low, S.Y. Zhang, Z. Liu, A. Mlayah and M.Y. Han, Adv. Mater. 24 (2012) 2310–2314.

[35] E Ye, K Yin Win, H Ru Tan, M Lin, C Peng Teng, A Mlayah and M.Y. Han, J. Am. Chem. Soc. 133 (2011) 8506-8509.

[36] C. Erik Dreaden, M. Alaaldin Alkilany, X. Huang, C.J. Murphy and M.A. El-Sayed, Chem. Soc. Rev. 41 (2012) 740–2779.

[37] Chi-Jen Liu et al. Nanotechnology 19 (2008) 1-5.

[38] CRC Handbook of Chemistry and Physics, 77th ed.; Lide, D. R.,Ed.; CRC Press: Boca Raton, FL, 1996

[39] M. Johannsen, U. Gneveckow, L. Eckelt, A. Feussner, N. Waldöfner, R. Scholz, S. Deger, P. Wust, SA. Loening, A. Jordan, Int. J. Hyperthermia 21 (2005) 637-647.

[40] R. Bardhan, S. Lal, A. Joshi, and N.J. Halas, Acc. Chem. Res. 44 (2011) 936-946.

CHAPITRE III
SYNTHÈSE DE NANOPARTICULES HYBRIDE Au-Fe_3O_4 : PROPRIETES PLASMONIQUE, SERS ET TRANSITION DE PHASE

Sommaire

I. Introduction 77
II. Synthèse de nanoparticules hybrides Au-Fe$_3$O$_4$ 77
    II.1. Travaux antérieurs 77
    II.2. Élaboration et caractérisations de NPs Au-Fe$_3$O$_4$ en milieu polyol 82
        II.2.1. Montage et protocole général de synthèse 82
        II.2.2. Caractérisation structurales et microstructurales des particules élaborées 83
            II.2.2.1. Analyse par Microscopie électronique en transmission (MET) : Taille et distribution en taille des particules 83
            II.2.2.2. Analyse par spectrométrie par dispersion d'énergie X (EDX) : composition chimique 84
        II.2.3. Résultats et discussions 84
        II.2.4. Synthèse de nanoparticules Au-Fe$_3$O$_4$ en présence du ligand citrate 87
            II.2.4.1. Protocole et résultats expérimentaux 87
            II.2.4.2. Discussion 88
III. Propriétés Plasmoniques et Diffusion Raman Exaltée de Surface (SERS) 89
    III.1. Propriétés Plasmoniques 89
    III.2. Diffusion Raman Exaltée de Surface (SERS) 91
IV. Transition de phase 98
V. Estimation de la temperature à la surface des particules Au-Fe$_3$O$_4$ 101
VI. Conclusion 102
VII. Références bibliographiques 104

I. Introduction

Les nanoparticules hybrides offrent une vaste gamme de propriétés nouvelles avec la possibilité d'applications dans divers domaines tels que la détection biologique [1], la catalyse [2], la conversion de l'énergie solaire [3], et les applications optoélectroniques [4]. Ces dernières années, des progrès importants au niveau de la synthèse et du contrôle de nanoparticules hybrides ont été réalisés [5,6]. L'approche de synthèse générale consiste d'abord à préparer des nanoparticules d'un matériau donné, puis les utiliser comme germes de nucléation pour faire croître un deuxième matériau. Suivant cette approche, seuls quelques types de nanoparticules hybrides ont été préparés avec un bon contrôle de la taille et de la forme [7,8], jusqu'à présent.

Parmi ces nanomatériaux hybrides, les nanoparticules bifonctionnelles Au-Fe_3O_4 ont suscité beaucoup d'intérêt. En effet, ces nanoparticules présentent des propriétés magnéto-optiques intéressantes [8-10] avec des applications dans divers domaines tels que l'optique (biocapteurs [11]), le magnétisme (imagerie magnétomotrice [12]) et récemment la nanomédecine (détection et bioséparation des agents pathogènes, IRM et thérapie photothermique [13-15]).

Ce chapitre a comme principal objectif la synthèse de nanoparticules hybrides Au-Fe_3O_4. En effet, la synthèse contrôlée de ce type de système reste un défi majeur.

Nous nous sommes donc intéressés au développement de nouvelles stratégies de synthèse de NPs hybrides Au-Fe_3O_4 en adoptant la méthode polyol. Deux stratégies principales ont été utilisées en s'appuyant sur des conditions de synthèse "one pot" qui reposent sur un rapport important des vitesses de décomposition des précurseurs utilisés. La première stratégie vise à obtenir des NPs hybrides en utilisant seulement les précurseurs de l'or et du fer et sans recourt à des ligands ou surfactants dans le milieu réactionnel. La deuxième vise à obtenir des NPs hybrides en utilisant des ligands pour faciliter l'accrochage des NPs Fe_3O_4 sur la surface des NPs d'or.

Une étude des propriétés optiques des NPs hybrides Au-Fe_3O_4, ainsi qu'une étude approfondie de la transition de la phase magnétite (Fe_3O_4) vers la phase hématite (α-Fe_2O_3) par effet laser, sont aussi présentées dans ce chapitre. Les études des résonances plasmoniques sont soutenues par des simulations numériques.

II. Synthèse de nanoparticules hybrides Au-Fe_3O_4

II.1. Travaux antérieurs

La principale difficulté pour la préparation des NPs hybrides ayant une interface metal-oxyde de fer provient de l'existence d'interactions faibles entre l'oxyde de fer (par exemple, α-Fe$_2$O$_3$ et Fe$_3$O$_4$) et le cœur métallique (par exemple, Au, Ag, Pt et Pd). La clé majeure pour réussir leur la synthèse de nanoparticules hybrides, est l'optimisation des paramètres expérimentaux afin d'inhiber l'étape de nucléation homogène en solution et favoriser la nucléation hétérogène de Fe$_3$O$_4$ sur les germes d'or préformées.

À ce jour, la méthode la plus prometteuse pour synthétiser des NPs Au-Fe$_3$O$_4$ est basée sur la décomposition thermique de précurseurs du fer en présence d'un surfactant moléculaire [16-18]. En bref, des germes d'or sont formés et dispersés dans un solvant organique. Par la suite, une solution contenant le précurseur du fer (généralement le pentacarbonyle de fer Fe(CO)$_5$ ou l'oléate de fer Fe(OL)$_3$) est injectée à haute température favorisant la décomposition thermique de ce dernier. La nucléation et la croissance de l'oxyde se fait par épitaxie sur les germes d'or préformés en solution ce qui conduit à former des NPs hybrides Au-Fe$_3$O$_4$ (Figure 1). Pour cela, les ligands attachés à la surface des germes d'or préformés doivent présenter une affinité vis-à-vis de l'oxyde pour que celui-ci puisse se former à la surface d'or.

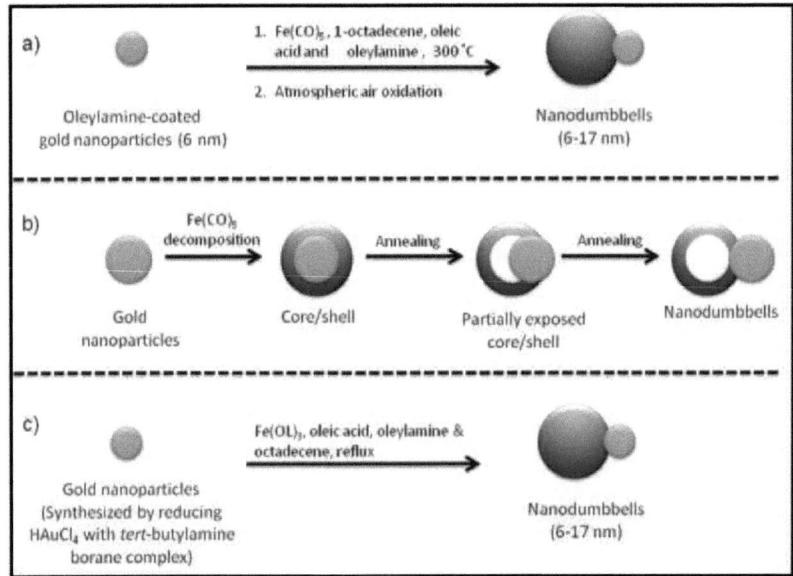

Figure 1. Condition de formation des NPs hybrides Au-Fe$_3$O$_4$ par décomposition thermique des précurseurs de fer [6].

Récemment, Yang Sheng et Junmin Xue [18] ont introduit quelques modifications en opérant cette fois en présence du surfactant 1,2-hexandicandiol (HDD). Ils ont obtenu des particules Au-Fe$_3$O$_4$ sous forme de dimères (Figure 2-B) pour une concentration de surfactant bien déterminée. Ils ont montré pour la première fois le rôle important de la concentration du surfactant utilisé sur la forme finale des nanoparticules hybrides obtenues (Figure 2A-D).

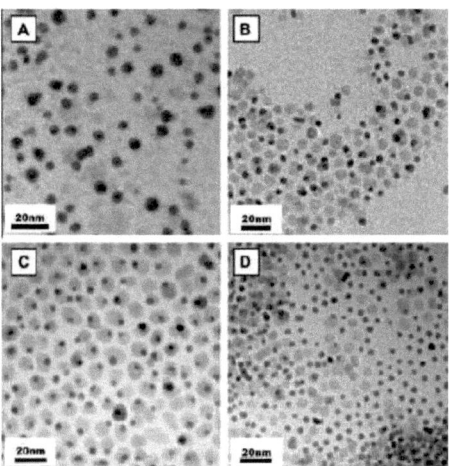

Figure 2. Images MET des échantillons synthétisés avec différentes concentrations de 1,2-hexadecanediol (HDD). (A) 0 M; (B) 0.3 M; (C) 0.6 M; (D) 1.2 M [18].

En remplaçant le précurseur d'or HAuCl$_4$ par l'acétate d'or (Au(OOCH$_3$)) et l'octadécène par l'octyl éther comme solvant, Hongling Liu et coll. [19] ont obtenu des nanoparticules cœur-coquille Au@Fe$_3$O$_4$ (Figure 3) à la place de nanoparticules Au-Fe$_3$O$_4$ sous forme de dimères.

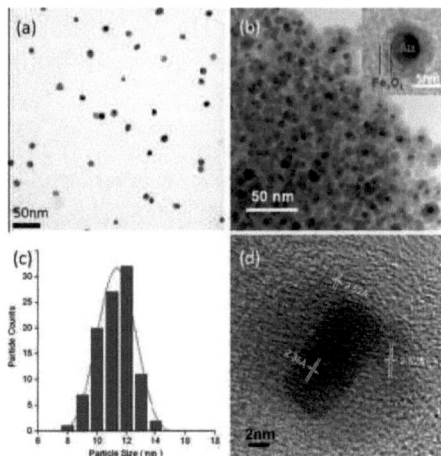

Figure 3. Images MET des NPs d'or nues utilisées au cours de cette préparation (b) images MET des NPs Au@Fe$_3$O$_4$ élaborées, (c) histogramme de distribution taille des particules Au@Fe$_3$O$_4$ et (d) image haute résolution des NPs Au@Fe$_3$O$_4$ [19].

Une autre approche pour élaborer des nanoparticules hybrides Au-Fe$_3$O$_4$ a été rapportée par Jie Bao et al. [20]. Le protocole expérimental consiste d'abord à synthétiser séparément les nanoparticules d'or et de Fe$_3$O$_4$. Puis, en introduisant dans le milieu réactionnel des ligands spécifiques qui ont une affinité conjointe via à vis de l'or et de l'oxyde de fer, ils obtiennent des nanoparticules Au-Fe$_3$O$_4$ formées de NPs d'or décorant un cœur d'oxyde Fe$_3$O$_4$ (Figure 4-C). Le schéma réactionnel est représenté sur la figure 4-A. La couleur de la solution vire du rouge (couleur caractéristique des NPs d'or) au marron après la formation des nanoparticules hybrides Au-Fe$_3$O$_4$ (Figure 4-B).

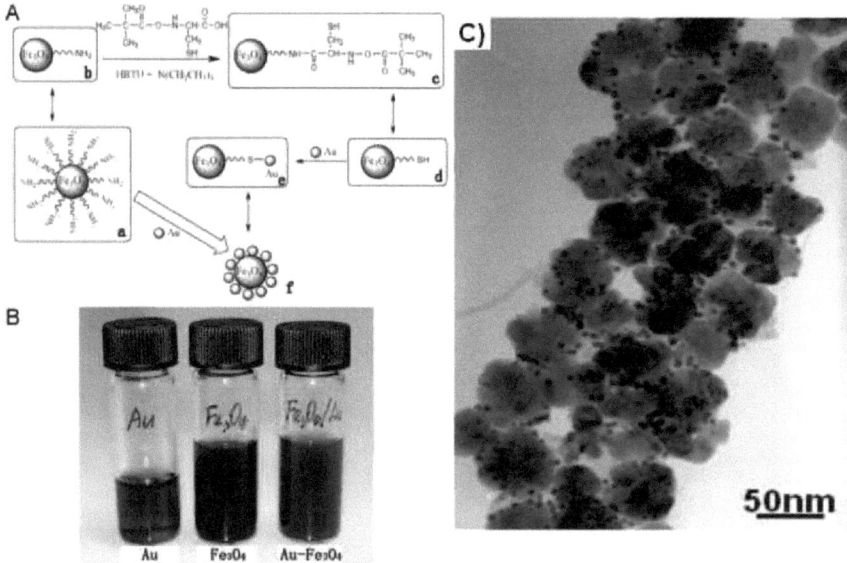

Figure 4. (A) : Schéma réactionnel illustrant la formation des nanoparticules Au-Fe$_3$O$_4$, (B) : couleurs de différentes solutions avant et après la réaction de formation et (C) : caractérisation par MET des nanoparticules bifonctionnelles Au-Fe$_3$O$_4$ obtenues [20].

Une troisième approche consiste à utiliser directement des particules hybrides Au-Fe$_3$O$_4$ comme germes de croissance. En opérant en présence de germes Au$_1$-Fe$_3$O$_4$ préformés en solution (Figure 5-B), Chao Wang et al. [21] ont synthétisé des NPs hybrides (Figure 5-C) en faisant croitre des NPs d'or (Au$_2$) sur les germes déjà présents (Figure 5-A-I). Ils ont étudié les propriétés mécaniques de ce système : l'ajout des NPs d'or (Au$_2$) permet d'arracher les NPs d'or (Au$_1$) déjà accrochées sur les germes Au$_1$-Fe$_3$O$_4$ (Figure 5-A-II).

II. Synthèse de nanoparticules hybrides Au-Fe3O4

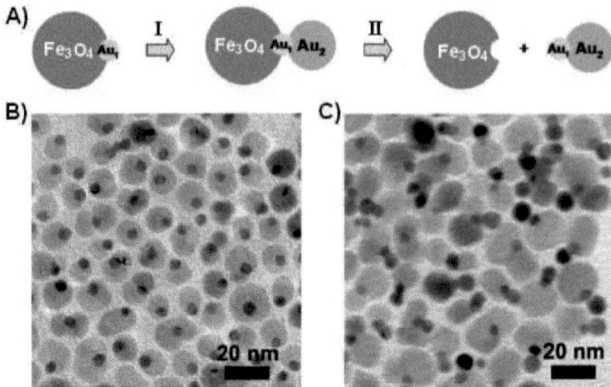

Figure 5. (A) : Schéma illustrant la formation de Au$_2$ sur des germes Au$_1$-Fe$_3$O$_4$ préformés puis l'arrachement des NPs d'or (Au$_1$) (B) : image MET des germes Au$_1$-Fe$_3$O$_4$ et (C) : image MET des nanoparticules Au$_2$-Au$_1$-Fe$_3$O$_4$ formées après 1h [21].

Dans le présent travail, nous rapportons la synthèse de nanoparticules d'or décorées par des particules d'oxyde de fer (Au-Fe$_3$O$_4$) en milieu polyol en adoptant la stratégie "one pot". Le solvant utilisé est le triéthylène glycol (TREG). Ce dernier, agit comme un solvant, un agent réducteur et un surfactant. Cette méthode de chimie douce permet de préparer des NPs hybrides Au-Fe$_3$O$_4$ sans rajouter de ligands ni de surfactants au mélange réactionnel. Les nanoparticules hybrides obtenues, du fait de leur haute pureté, peuvent être fonctionnalisées aisément par des ligands actifs (protéines, anticorps, etc.) pour des applications en nanomédecine (IRM, hyperthermie, biocapteur, etc.).

II.2. Élaboration et caractérisations de NPs Au-Fe$_3$O$_4$ en milieu polyol
II.2.1. Montage et protocole général de synthèse

Le dispositif expérimental utilisé dans cette étude, est le même que celui utilisé pour la préparation des nanoplaquettes triangulaires d'or (Chapitre2-section **II.1**).

La préparation des NPs d'or décorées par des particules d'oxyde de fer Au-Fe$_3$O$_4$ est effectuée dans un ballon tricol de 100 ml : 0.038 mmol de HAuCl$_4$.3H$_2$O et 0.17 mmol d'acétylacétonate de fer (III) (Fe(acac)$_3$) sont ajoutés à 50 ml du triéthylèneglycol sous agitation mécanique. Le mélange réactionnel est chauffé lentement à 180 °C et maintenu à cette température pendant 30 min, puis chauffé rapidement jusqu'au reflux (280°C). L'ensemble est maintenu (on change de type de caractère, il faut homogéiniser) à cette température pendant encore 30 min. Après refroidissement à température ambiante, une

II. Synthèse de nanoparticules hybrides Au-Fe3O4

suspension colloïdale homogène brune est obtenue. Le produit est séparé par centrifugation, lavé plusieurs fois à l'éthanol avant d'être re-dispersé dans de l'éthanol et stocké à l'air sans précaution particulière.

II.2.2. Caractérisation structurales et microstructurales des particules élaborées

II.2.2.1. Analyse par Microscopie électronique en transmission (MET) : Taille et distribution en taille des particules

La solution obtenue a été observée au microscope électronique en transmission à basse résolution (Figure 6). Les particules obtenues sont monodisperses et peu agglomérées. Elles sont constituées d'un cœur métallique d'or entouré de nanoparticules d'oxyde de fer.

Pour la majorité des nanoparticules, le cœur d'or est quasi sphérique avec une taille moyenne de 90 nm (Figure 6a-c). On note aussi la présence de particules de forme hexagonale et triangulaire de 80 à 150 nm (Figure 6-d). Le cœur d'or est entouré par un arrangement assez compact de nanoparticules d'oxyde de fer de taille moyenne de l'ordre de 7 nm.

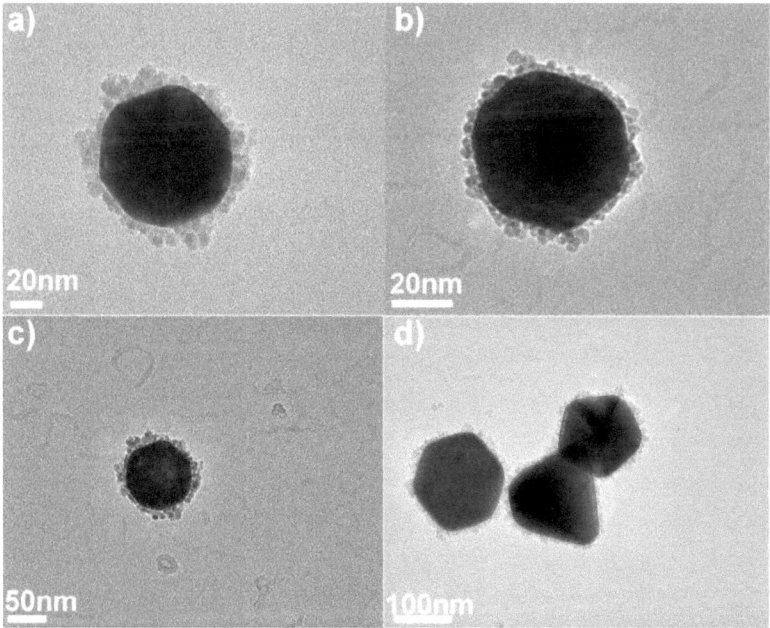

Figure 6. Images MET de particules hybrides Au-Fe$_3$O$_4$ de différentes formes obtenues dans le TREG.

II.2.2.2. Analyse par spectrométrie par dispersion d'énergie X (EDX) : composition chimique

L'analyse élémentaire de la composition chimique des particules élaborées a été réalisée à l'aide d'un spectromètre EDX monté sur un microscope électronique en transmission. Le spectre EDX (Figure 7) enregistré sur quelques nanoparticules Au-Fe$_3$O$_4$ montre la présence des éléments chimiques Fe, Au et Cu. Ceci confirme la pureté des particules élaborées et que les particules formées sont des NPs d'or et d'oxyde de fer mais ne permet pas de caractériser la nature de l'oxyde formé (Fe$_3$O$_4$, γ-Fe$_2$O$_3$ ou α-Fe$_2$O$_3$). La présence du cuivre provient de la grille utilisée pour les expériences TEM/EDX.

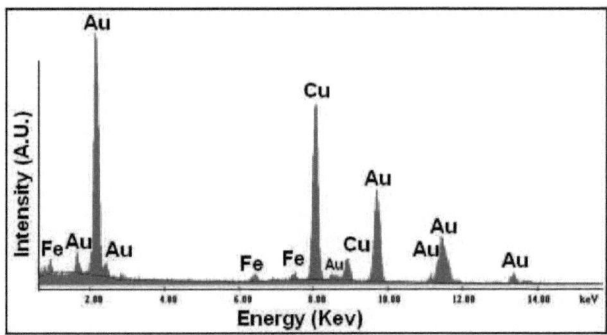

Figure 7. Spectres EDX enregistré sur des nanoparticules Au-Fe$_3$O$_4$.

II.2.3. Résultats et discussions

La synthèse "one pot" des NPs Au-Fe$_3$O$_4$ en milieu polyol est basée sur la formation initiale de NPs d'or en solution suivie d'un procédé d'hydroxylation et de condensation, d'un alcoxyde de fer [22] à la surface des NPs d'or préformées. Nous proposons le schéma, réactionnel de formation des NPs, suivant.

A une température voisine de 180 °C (Figure ci-dessous), la solution prend la couleur rouge indiquant la formation des NPs d'or en solution. La réduction des cations Au^{III} à cette température se fait par le polyol TREG et la stabilité des NPs d'or, est assurée par les molécules polyol et les groupements acétylacétonate greffés à la surface d'or par des liaisons électrostatiques.

II. Synthèse de nanoparticules hybrides Au-Fe3O4

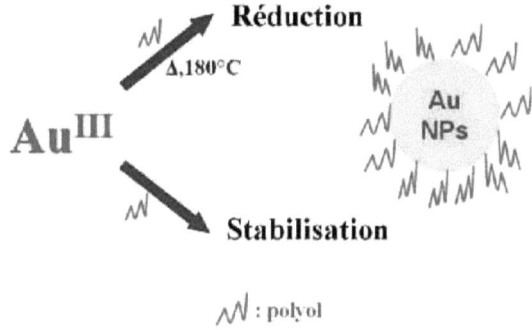

Figure 8. Mécanisme de formation des NPs d'or en milieu polyol.

Lorsque la température atteint une valeur supérieure à 180°C (180°C< T <280°C), l'acétylacétonate de fer (III) commence à se décomposer à la surface des NPs d'or. La décomposition est catalysée par la forte réactivité de la surface d'or. Il forme un complexe sel-alcoxyde et/ou alcoxyde de fer comme intermédiaires réactionnels via une réaction de surface entre le sel de fer et le triéthylène glycol adsorbé à la surface des NPs d'or (Figure 9) [23].

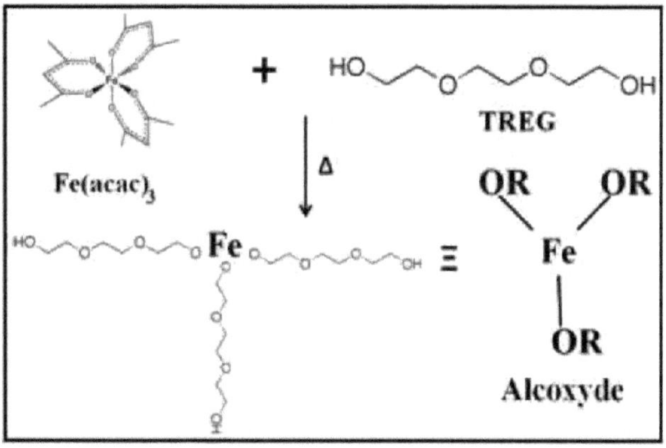

Figure 9. Réaction de formation d'un alcoxyde de fer entre le TREG et le précurseur de fer.

La formation de l'alcoxyde de fer comme intermédiaire réactionnel bloque la croissance des NPs d'or et empêche leur agglomération à haute température. En outre, la présence d'un alcoxyde de fer à la surface des NPs d'or agit comme un site de nucléation pour la formation de l'oxyde via une réaction de polycondensation [22] (Figure 10).

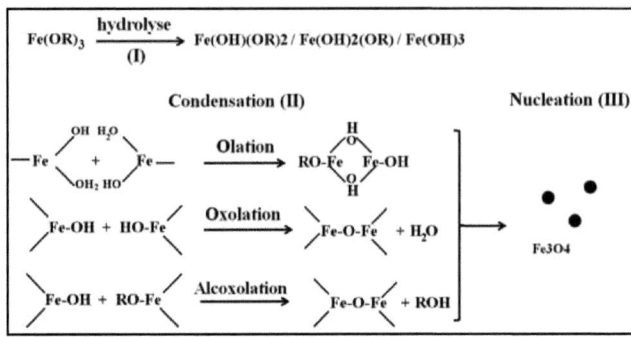

Figure 10. Formation des NPs Fe$_3$O$_4$ en milieu polyol via la réaction de polymérisation inorganique : hydrolyse, condensation et nucléation.

La formation de NPs d'oxyde de fer commence à une température inférieure à la température d'ébullition du solvant TREG (Téb=280°C). En effet, à 260°C, la solution devient brun foncé et on observe une grande turbidité de la solution. Par contre, quand la température de la réaction atteint l'ébullition (T= 280°C), la solution devient très foncée et vire vers le noir traduisant une formation importante de particules Fe$_3$O$_4$ en solution. En effet, à cette température, la nucléation et la croissance de l'oxyde de fer a lieu spontanément et la formation des particules nanométriques est rapide.

Comme la nucléation hétérogène est plus favorable que la nucléation homogène [24], les cations Fe^{III} ont tendance à se condenser sur les germes d'oxyde déjà formés à la surface des NPs d'or, plutôt que directement en solution. Ceci permet d'obtenir des NPs hybrides d'or décorées par des nanoparticules de Fe$_3$O$_4$ au lieu de nanoparticules d'or et de Fe$_3$O$_4$ séparées.

Un mécanisme chimique est proposé dans la figure 11 pour décrire le processus de formation des nanoparticules hybrides Au-Fe$_3$O$_4$ dans le TREG.

II. Synthèse de nanoparticules hybrides Au-Fe3O4

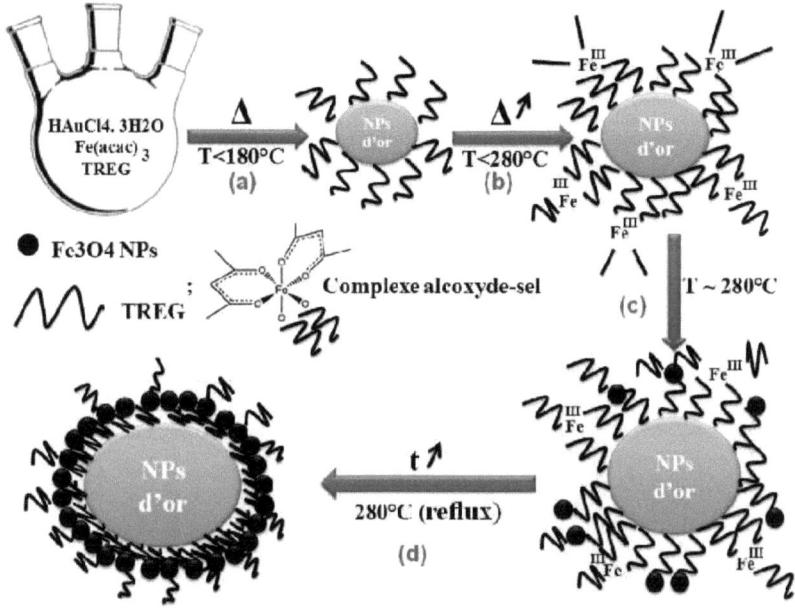

Figure 11. Schéma illustrant la formation des NPs Au-Fe$_3$O$_4$ dans le TREG : formation des NPs d'or dans le polyol (a), décomposition du précurseur de fer à la surface des NPs d'or et formation d'un alcoxyde (b), nucléation et croissances des germes Fe$_3$O$_4$ à la surface d'or et formation des NPs hybrides Au-Fe$_3$O$_4$ (d).

Afin de tester la validité du mécanisme proposé, nous avons refait les préparations en suivant le même protocole expérimental adopté pour la synthèse des NPs Au-Fe$_3$O$_4$ mais cette fois ci en opérant en présence d'un ligand.

II.2.4. Synthèse de nanoparticules Au-Fe$_3$O$_4$ en présence du ligand citrate

II.2.4.1. Protocole et résultats expérimentaux

Le ligand choisi pour cette étude est le citrate de sodium de formule brute (C$_6$H$_5$Na$_3$O$_7$). En effet, ce ligand à une forte affinité vis à vis de l'or [25], ce qui permet de créer une couche protectrice à la surface des NPs d'or au cours de la formation des germes d'or en milieu polyol.

Le protocole de synthèse adopté est celui utilisé pour former des NPs Au-Fe$_3$O$_4$ mais en opérant cette fois ci en présence d'un excès de citrate de sodium (n(citrate)/n(Au) = 10)

II. Synthèse de nanoparticules hybrides Au-Fe3O4

La solution obtenue a été caractérisée par MET. Les particules obtenues sont constituées de grands agrégats d'or (plusieurs centaines de nanomètres) sur lesquels s'adsorbent des NPs Fe$_3$O$_4$ (Figure 12).

Figure 12. Images MET des particules Au-Fe$_3$O$_4$ obtenues dans le TREG en présence de citrate de sodium.

II.2.4.2. Discussion

Le fait d'ajouter un ligand dans le milieu réactionnel, va créer une compétition entre l'adsorption du polyol et l'adsorption du ligand à la surface de nanoparticules d'or en cours de formation. Le citrate de sodium est connu pour être très réactif vis-à-vis de l'or ; ceci est probablement corrélé avec le nombre important des groupes de coordination qu'il présente (Figure 13). Par conséquent, les NPs d'or formées en solution seront protégées par le citrate de sodium au lieu des molécules polyol. Dans ces conditions, le précurseur de fer (III) à tendance a ce décomposer spontanément en solution et les particules Fe$_3$O$_4$ vont se former directement en solution via la réaction de polymérisation inorganiques.

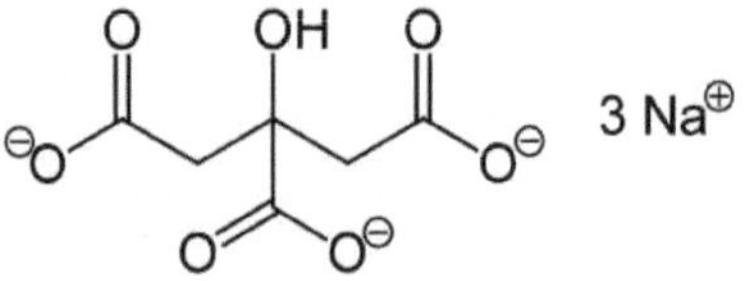

Figure 13. Formule structurale de citrate de sodium.

Contrairement à celles élaborées sans ajout de ligands, les particules obtenues s'agrègent malgré la présence d'un excès de ligands. Ceci peut s'expliquer étant donné que la température de décomposition du citrate de sodium est de l'ordre de 230°C et que la synthèse est réalisée à 280°C. A haute température (T > 230°C) les molécules citrates se décomposent rapidement et les NPs d'or s'agrègent spontanément pour minimiser leurs énergies de surface. Au cours de l'agrégation les molécules polyol ainsi que quelques germes de Fe_3O_4 formées en solution vont s'adsorber à la surface des agrégats d'or empêchant ainsi leur précipitation.

III. Propriétés Plasmoniques et Diffusion Raman Exaltée de Surface (SERS)

III.1. Propriétés Plasmoniques

Le spectre d'extinction optique mesuré des NPs Au-Fe_3O_4 est présenté dans la Figure 14-B. Le spectre des NPs d'or nues (taille de 90 nm) est également présenté pour comparaison. Dans la même figure sont également tracés les spectres d'extinction optique simulés en utilisant la méthode DDA. Deux modèles ont été considérés : i) Le cœur d'or est entouré d'une coquille lisse régulière d'oxyde de fer avec une épaisseur de 7 nm (soit une structure cœur-coquille parfaite). ii) Le cœur d'or est entouré par une couche rugueuse irrégulière générée en utilisant une distribution aléatoire des particules d'oxyde de fer sphériques de tailles comprises entre 3 et 10 nm (structure se rapprochant de celle observée par MET). Dans les deux modèles, le volume de l'oxyde de fer est le même (7 nm).

Pour les simulations nous supposons que l'oxyde de fer formant la coquille correspond à la phase magnétite Fe_3O_4. Le milieu environnant choisi est l'éthanol puisque les mesures optiques sont effectuées sur des particules dispersées dans l'éthanol.

Tout d'abord, le spectre d'absorption optique mesuré des NPs Au-Fe_3O_4 montre clairement un pic de résonance de plasmon de surface (RPS) autour de 603 nm, décalé vers rouge de plus de 40 nm par rapport à la RPS des NPs d'or nues (563 nm). Ce décalage vers le rouge est bien connu en littérature [26] et est dû à l'augmentation de l'indice optique du milieu environnant. En effet, l'indice optique de l'oxyde de fer Fe_3O_4 (massif) est d'environ 2,35 (à 600 nm) beaucoup plus grand que celui de l'éthanol (1,36). Ce décalage vers le rouge est confirmé par les simulations DDA. En effet, les spectres calculés pour des NPs d'or nues et pour des NPs cœur-coquille (Au@Fe_3O_4) sont en bon accord avec ceux mesurés, confirmant ainsi la nature de l'oxyde de fer (magnétite Fe_3O_4) adsorbé à la surface d'or. Toutefois, les RPS dans les spectres mesurés sont plus larges que dans ceux simulés. Ceci peut être dû à la distribution de taille et de forme observées des nanoparticules Au-Fe_3O_4. En outre, la couche irrégulière de Fe_3O_4 à la surface des NPs d'or pourrait également influencer la forme et la position de la résonance plasmonique. Cependant, les spectres simulés avec une couche Fe_3O_4 lisse ou rugueuse montre que ce n'est pas le cas. En effet, les deux spectres sont très similaires et l'augmentation de la largeur de raie de résonance due à la rugosité de la couche Fe_3O_4 est très faible. Pour bien comprendre les propriétés plasmoniques des NPs hybrides Au-Fe_3O_4 nous avons tracé dans la Figure 14-A, les cartes d'intensité du champ proche optique associées aux résonances plasmoniques des NPs Au-Fe_3O_4 avec une couche de Fe_3O_4 lisse et rugueuse. Il est intéressant de noter que pour les deux cas, l'intensité du champ est maximale à l'interface Au-Fe_3O_4 mais aussi à la surface externe des NPs Fe_3O_4. Cet effet est dû essentiellement à la faible épaisseur de la couche d'oxyde entourant les NPs d'or (environ 7 nm), ce qui permet de générer des charges de polarisation à la surface de la coquille de Fe_3O_4. Pour des couches de plus grande épaisseur (environ 20 nm), le maximum d'intensité du champ est concentré à l'interface Au-Fe_3O_4. Ce point est particulièrement important pour l'interprétation des données SERS comme on le verra par la suite.

III. Propriétés Plasmoniques et Diffusion Raman Exaltée de Surface (SERS)

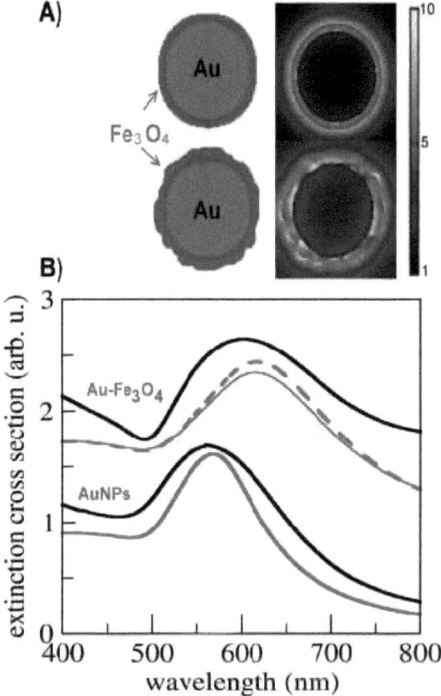

Figure 14. Réponse plasmonique des nanoparticules d'or nues et des nanoparticules hybrides Au-Fe$_3$O$_4$ mesurés et calculés. Les spectres mesurés (lignes noires) montrent deux pics à 563 nm et 603 nm correspond aux NPs Au et Au-Fe$_3$O$_4$ respectivement. Les spectres simulés par DDA des NPs d'or (lignes vertes), des NPs Au-Fe$_3$O$_4$ couche lisse (ligne rouge continue) et Au-Fe$_3$O$_4$ couche rugueuse (ligne rouge interrompus) sont aussi représentés. La partie supérieure de la figure montre la distribution de l'intensité du champ proche plasmonique $|E/E_0|^2$ pour les NPs Au-Fe$_3$O$_4$ avec une couche d'oxyde de fer lisse ou rugueuse. La longueur d'onde excitatrice est de 638 nm pour les deux cas. Le champ électrique incident est polarisé circulairement.

III.2. Diffusion Raman Exaltée de Surface (SERS)

Il est difficile d'identifier la nature de la phase d'oxyde formée à la surface d'or (magnétite Fe$_3$O$_4$ ou maghémite γ-Fe$_2$O$_3$) à partir de mesures de diffraction de rayon X (DRX). En effet, la magnétite et la maghémite possèdent des diagrammes de diffraction très similaires (même groupe d'espace Fd-3m et des paramètres de maille très voisins a=8.4 et 8.33Å respectivement).

Cependant, les différentes phases d'oxyde de fer ont des modes de vibrations caractéristiques de chaque phase. Celle-ci peut donc être identifiée en utilisant la spectroscopie de diffusion Raman et plus précisément la diffusion Raman exaltée de surface.

Pour analyser la structure et la composition chimique de la couche d'oxyde entourant les NPs d'or, nous avons eu donc recours à des mesures de diffusion Raman exaltée de surface (SERS) (Figure 15). La longueur d'onde d'excitation laser est voisine de celle qui correspond à la résonance plasmonique des NPs Au-Fe_3O_4 (environ 638nm). Nous nous plaçons donc dans des conditions de résonance Raman sur les plasmons de surface.

Les mesures Raman ont été réalisées à l'aide d'un spectromètre de marque Jobin-Yvon XploRa. Vu que la taille des particules (autour de 100 nm) est plus petite que la résolution spatiale de notre sonde optique (355 nm), il n'est pas possible de distinguer entre particule isolée et "petit" agrégat de particules (5 nanoparticules au plus). Néanmoins, nous avons toujours travaillé sur des "petits agrégats" qui apparaissent de faible intensité au microscope optique afin d'éviter les agrégats à grand nombre de particules. En effet, les interactions optiques entre nanoparticules risquent de compliquer l'interprétation des signaux Raman.

Comme le cas des plaquettes triangulaires d'or, de fortes fluctuations temporelles d'intensité des raies Raman sont observées au cours des mesures (Figure 15). Dans ce cas, les NPs Au-Fe_3O_4 sont stabilisées uniquement par le TREG et tous les modes de vibrations correspondants sont observés dans la région 750-1750 cm^{-1} (Figure 15). Ces modes sont caractéristiques des groupements CH_2 et C-OH du TREG (voir tableau 1).

Les spectres instantanés, montrent que certains pics Raman sont absents à des instants donnés, mais peuvent devenir très intenses à d'autres instants. Cependant, ces fortes fluctuations temporelles de l'intensité Raman ne sont pas observées pour toutes les raies Raman. En effet, deux signaux Raman situés à 250 et 670 cm^{-1} ne présentent aucune fluctuation au cours du temps et peuvent être donc clairement distingués des modes de vibrations caractéristiques du TREG. Ils sont associés à une partie "statique" de la nanoparticule. L'or n'ayant pas de phonons optiques, nous attribuons ces deux modes à la présence des nanoparticules de Fe_3O_4 formant une coquille autour de l'or.

En s'appuyant sur des travaux bibliographiques consacrés à des études Raman sur les oxydes et les hydroxydes de fer [27-30], le pic Raman situé à 670 cm^{-1} est sans ambiguïté attribué au mode de vibration A_1G de la magnétite Fe_3O_4 [29]. En revanche, le pic Raman situé à 250 cm^{-1} ne peut être attribué à aucune phase d'oxyde de fer. Cependant, il est prédominant dans le spectre Raman de la lépidocrocite γ-FeOOH [30] qui est un hydroxyde de fer ayant une structure orthorhombique.

La lépidocrocite est un produit de l'oxydation du fer, due à l'exposition des nanoparticules Au-Fe_3O_4 à l'air après la synthèse. Il peut ainsi se former une couche de 1 à 2 nm d'épaisseur à la surface de la coquille Fe_3O_4.

Il est intéressant de signaler que c'est grâce à la résonance plasmonique, qui permet de générer un effet SERS, que nous avons pu détecter la signature Raman de la magnétite Fe_3O_4 entourant l'or ainsi que la présence de lepidocrocite. Il faut garder en tête que le Fe_3O_4 ne forme qu'une fine coquille d'une dizaine de nanomètres autour d'un cœur d'Or d'une centaine de nanomètres. Le volume de "diffusion Raman" associé est très faible. A titre de comparaison, à cette longueur d'onde d'excitation (638 nm) et pour cette puissance incidente (0.14 mW). Des nanoparticules de Fe_3O_4 pures (autour de 10 nm), agrégées et formant une couche homogène sont indétectables.

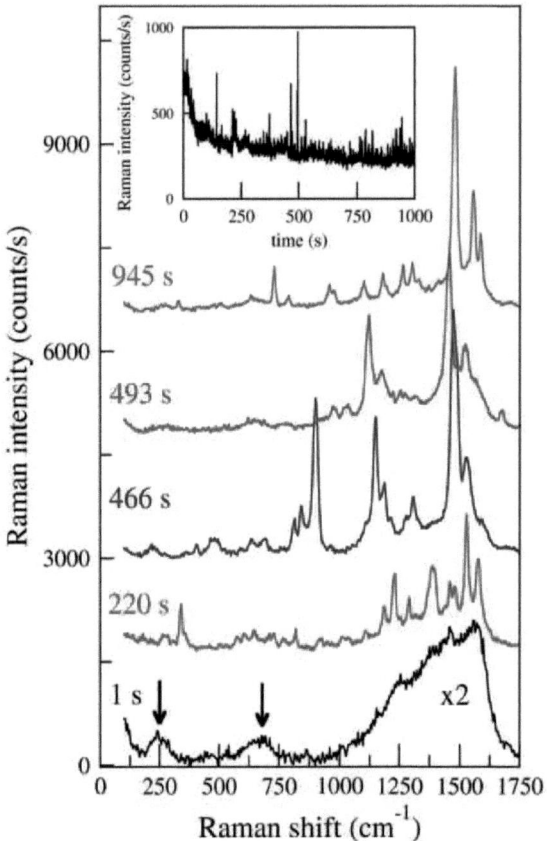

Figure 15. Spectres SERS enregistrés à des instants sélectionnés. La source excitatrice (638 nm) est résonante avec l'absorption plasmonique des NPs Au-Fe_3O_4. L'encart montre l'évolution temporelle du signal SERS intégrée sur tout le domaine spectral. Les deux flèches indiquent les bandes Raman caractéristiques de la magnétite Fe_3O_4 (670 cm^{-1}) et de la phase lépidocrocite γ-FeOOH (250 cm^{-1}).

Tableau 1. Attribution des bandes Raman observées dans la région 750-1750 cm^{-1}.

Fréquence Raman mesurées (cm^{-1})	Attribution
1518	C–H deformation
1492	CH_2OH deformation
1480	C-H bending
11385	CH_2 deformation
1304	CH_2 deformation
1261	CH_2 twisting
1222	C–C stretching
1204	C–C stretching
1161	C–C stretching
1141	C-O stretching
1120	C–C stretching
1110	CH_2 rocking
1072	C–C stretching
966	CH_2 deformation
883	CH_2 rocking
877	C-O-C stretching
830	C-OH, C-CH and O-CH deformations

Comme le montre la figure 16-A, l'intensité du champ plasmonique est maximale à la surface de la couche Fe_3O_4 ce qui exalte encore plus la diffusion Raman dans cette région surfacique occupée par la lepidocrocite. Pour confirmer la présence de lépidocrocite à la surface du Fe_3O_4, nous avons étudié l'effet de la longueur d'onde excitatrice sur la diffusion Raman.

La figure 16-B présente les spectres Raman moyennés sur un grand temps d'accumulation, des NPs $Au-Fe_3O_4$ excitées à 532, 638 et 785 nm. Comme attendu, l'intensité Raman est maximale pour une excitation à 638 nm, soit près de la résonance plasmonique des NPs $Au-Fe_3O_4$ (Figure 14-B). De plus, on voit bien le pic Raman situé à 250 cm^{-1} caractéristique de la phase lépidocrocite γ-FeOOH. Ce pic est plus clairement observé à 785 nm.

III. Propriétés Plasmoniques et Diffusion Raman Exaltée de Surface (SERS)

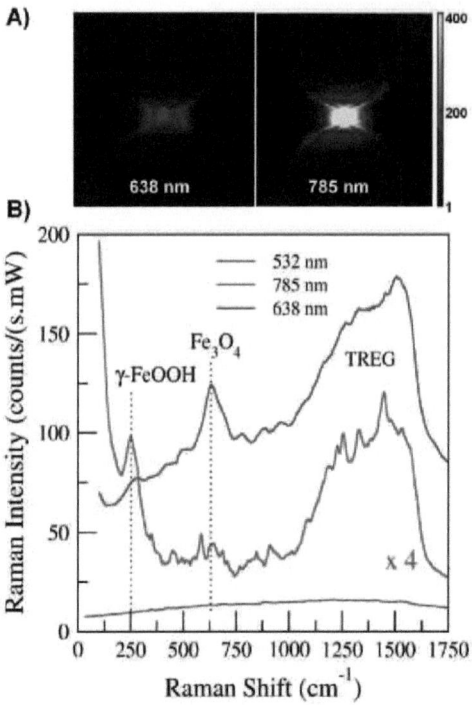

Figure 16. Spectres SERS des particules Au-Fe$_3$O$_4$ enregistrés à différentes longueur d'onde d'excitation. Tous les spectres ont été enregistrés avec un temps d'accumulation de trois minutes. Le spectre excité à 785 nm a été agrandi (x4). Les lignes en pointillé indiquent les fréquences des bandes Raman caractéristiques de la phase magnétite Fe$_3$O$_4$ et de la lepidocrocite γ-FeOOH. La partie supérieure de la figure montre une carte d'intensité du champ proche plasmonique $|E/E_0|^2$ excité à 638 et 785 nm

Il est bien connu que l'interaction électromagnétique entre des NPs métalliques génère un champ plasmonique très localisé dans le gap séparant deux particules d'un dimère par exemple [31,32]. La résonance plasmonique du dimère se trouve décalée vers le rouge par rapport à la résonance plasmonique des particules isolées. Ce type de phénomène est susceptible de se produire dans des agrégats de NPs Au-Fe$_3$O$_4$. En effet, comme décrit précédemment, les mesures Raman se font sur des agrégats de particules Au-Fe$_3$O$_4$ et non sur des particules uniques. Dans ces agrégats peuvent se trouver des particules en forte interaction électromagnétique apportant ainsi des résonances plasmoniques décalées vers le rouge. Le spectre simulé par DDA pour un dimère de particule Au-Fe$_3$O$_4$ avec un gap de 8 nm entre deux particules d'or (Figure 17) montre qu'effectivement une deuxième bande apparaît et se trouve décalée vers le rouge par rapport à la bande plasmonique des particules Au-Fe$_3$O$_4$ isolées. Il est clair sur cette figure, qu'en excitant ce dimère à 785 nm, on se place dans une condition de résonance Raman.

Nous avons simulé par DDA les champs plasmoniques d'un dimère de particules Au-Fe$_3$O$_4$ (Figure 16-A). Comme il est montré sur la figure 16-A, le champ plasmonique est fortement localisé dans le gap entre les particules Au-Fe$_3$O$_4$ et intense à la surface des nanoparticules pour une excitation à 785 nm. Par conséquent, la signature Raman des espèces chimiques présentes à la surface du Fe$_3$O$_4$ sera fortement exaltée et détectée à 785 nm. Ceci explique pourquoi le signal SERS de la phase lépidocrocite γ-FeOOH est plus clairement observé avec une excitation à 785 nm (figure 16-B).

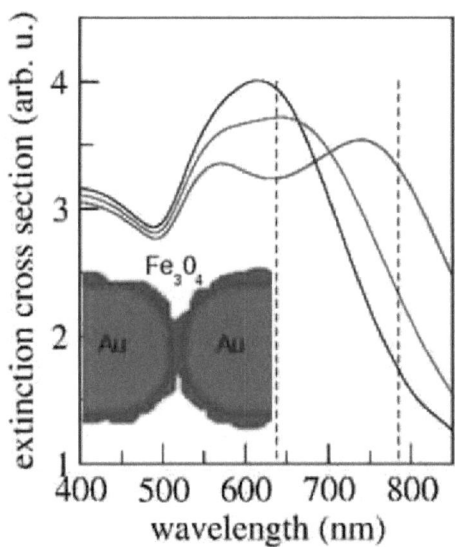

Figure 17. Spectres d'extinction optique calculés pour un dimère de particules Au-Fe$_3$O$_4$. La lumière incidente est polarisée circulairement de manière à exciter les deux plasmons de surface (transversale et longitudinale). Le gap choisi entre les deux particules d'or est de 18 nm (bleu), 14 nm (vert) et 8 nm (rouge). Les lignes en pointillé indiquent les deux longueurs d'onde d'excitation utilisées (638 et 785 nm) pour les mesures Raman-SERS.

IV. Transition de phase

La transformation de la phase magnétite (Fe_3O_4) en hématite (α-Fe_2O_3) sous faisceau laser est un phénomène bien connu et qui a été étudié essentiellement par spectroscopie de diffusion Raman [25]. En se basant sur la variation du rapport d'intensité Raman Stokes/anti-Stokes en fonction de la température, Shebanova et Coll. [28,29] ont montré que la transition de la phase magnétite naturelle commence à 240°C. Les étapes et les phases intermédiaires de cette transition ont été étudiées soit dans des nanoparticules de Fe_3O_4 pures [33] soit dans des couches minces de Fe_3O_4 pur ; jamais dans des nanoparticules hybrides Au-Fe_3O_4. Il s'agit donc dans notre cas de suivre la transition de phase structurale du Fe_3O_4 entourant le cœur en or. Le cœur métallique apporte une résonance plasmonique qui exalte la diffusion Raman, comme nous venons de le voir, mais joue également le rôle de point chaud absorbant les photons du laser et convertissant leur énergie (électromagnétique) en chaleur par l'intermédiaire des interactions électrons-plasmons, électron-électron et électron-phonon [34]. Ainsi, la transformation de phase que nous allons étudier ici est induite par la résonance plasmonique. Le cœur d'or agit comme une nano-source de chaleur qui augmente la température, conduisant ainsi à la transformation de la phase magnétite en hématite de l'oxyde de Fer.

Nous avons réalisé des expériences de diffusion Raman-SERS sur les particules hybrides Au-Fe_3O_4 avec différentes puissances laser allant de 0.1% (1.4 10^4 Wcm^{-2}) à 100% (1.4 10^7 Wcm^{-2}). La puissance laser permet de contrôler le flux lumineux et donc la quantité de chaleur produite par l'excitation optique. Dans notre dispositif le côté anti-Stokes de la diffusion Raman est supprimé par l'utilisation d'un filtre notche passe-haut destiné à éliminer la raie Rayleigh. C'est un inconvénient car ce filtrage nous empêche d'accéder à la température par la mesure du rapport Stokes/anti-Stokes.

Comme précédemment les expériences que nous allons décrire sont menées sur des "petits agrégats de particules" à la limite de la diffraction optique (taille en dessous de 355 nm). La figure 18 montre les spectres Raman-SERS enregistrés pour différentes puissances de la source laser excitatrice. Pour des puissances laser inférieur à 1.4 10^5 Wcm^{-2} (1%), les pics Raman caractéristiques de la phase lépidocrocite et magnétite ainsi que les pics du solvant TREG sont observés. En augmentant la puissance laser jusqu'à 1.4 10^6 Wcm^{-2} (10%), des raies Raman à 350, 500 et 720 cm^{-1} attribués respectivement aux modes de vibration de symétries T_1, E et A_1 de la phase maghémite (γ-Fe_2O_3) apparaissent clairement [33]. De plus, un pic intense est observé à 870 cm^{-1}. Ce pic ne correspond à aucune des phases connues de l'oxyde ou de l'hydroxyde de fer [27,28]. À 3.5 10^6 Wcm^{-2} (25%), les pics Raman caractéristiques de la phase hématite (α-Fe$_2$O$_3$) apparaissent [33]. Leurs intensités augmentent nettement à 7 10^6 Wcm^{-2} (50%) et deviennent dominantes à 1.4 10^7 Wcm^{-2} (100%). On note que les pics Raman caractéristiques de la phase maghémite (γ-Fe$_2$O$_3$) disparaissent ainsi que le pic situé à 870 cm^{-1}.

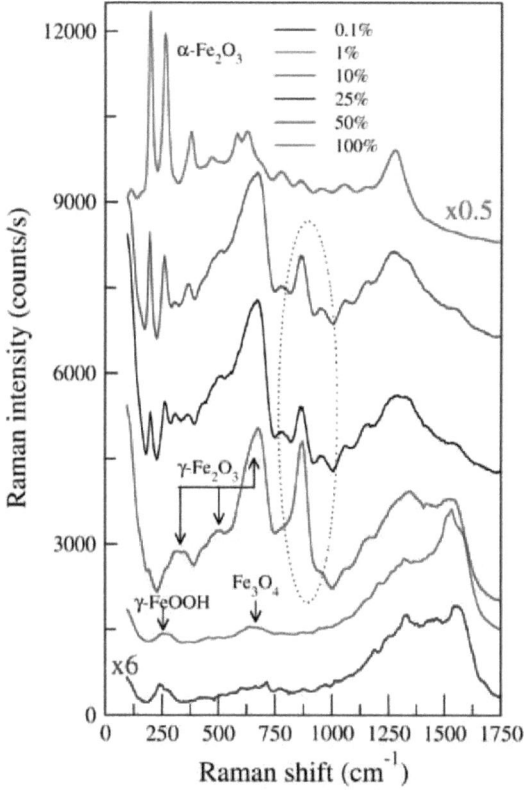

Figure 18. Spectres Raman-SERS des nanoparticules hybrides Au-Fe$_3$O$_4$ excitées à 638 nm avec une puissance laser allant de de 0.1% (1.4 10^4 Wcm^{-2}) à 100% (1.4 10^7 Wcm^{-2}).

Il a été rapporté dans des travaux antérieurs [33] que, pour des particules de faible taille (autour de 10 nm), la phase magnétite (Fe$_3$O$_4$) se transforme en maghémite (γ-Fe$_2$O$_3$) en augmentant la température. Pour des particules de plus grande de taille (autour de 2µm) [35], on observe une dismutation du Fe$_{3-x}$O$_4$ en hématite (α-Fe$_2$O$_3$) et en magnétite (Fe$_3$O$_4$), la proportion de la phase hématite (α-Fe$_2$O$_3$) augmente avec la température. Ce comportement qui dépend de la taille des particules, a été attribué à l'oxydation induite par les contraintes de structure [35] et est en bon accord avec nos observations. En effet, dans notre cas où les particules Fe$_3$O$_4$ sont de l'ordre de 7 nm, on observe une transformation de la phase magnétite (Fe$_3$O$_4$) en hématite (α-Fe$_2$O$_3$) en passant par une phase intermédiaire maghémite (γ-Fe$_2$O$_3$).

Dans le spectre Raman-SERS (Figure 18), on remarque que le pic à 870 cm^{-1} apparait uniquement dans les spectres où les deux phases magnétite (Fe$_3$O$_4$) et maghémite (γ-Fe$_2$O$_3$) coexistent. Ce pic disparait dés que la phase hématite (α-Fe$_2$O$_3$) devient prédominante (100% de l'intensité incidente). Par conséquent, on peut associer le pic à 870 cm^{-1} à un état intermédiaire entre la phase magnétite (Fe$_3$O$_4$) et la phase maghémite (γ-Fe$_2$O$_3$) : mélange de phases ou liaison d'interface. D'après les travaux de Kurtz [36], un pont-oxo reliant deux atomes de fer (Fe-O-Fe) a un mode de vibration Raman actif situé autour de 870 cm^{-1}. Ce type de liaison Fe-O-Fe peut se produire à l'interface magnétite/maghémite. En effet, ces deux oxydes ont une structure cristallographique similaire avec des paramètres de maille très proches. Ainsi, le pic Raman observé à 870 cm^{-1} peut être attribué aux modes des vibrations Fe-O-Fe, liaisons à l'interface magnétite/maghémite. Son caractère transitoire dans le spectre est dû essentiellement à l'apparition de la phase maghémite (γ-Fe$_2$O$_3$) et sa disparition une fois que la majorité des nanoparticules sont transformées en phase hématite (α-Fe$_2$O$_3$). Cette attribution est en bon accord avec les travaux d'El Mendili et coll. publiés récemment [33]. Ils ont étudié la transformation de phase des particules maghémite (γ-Fe$_2$O$_3$) en hématite (α-Fe$_2$O$_3$) en fonction de la température et de la puissance du laser. Comme il n'y avait pas de phase magnétite (Fe$_3$O$_4$) initiale dans les particules de départ (et donc pas d'interface magnétite/maghémite), ils n'ont pas observé le pic à 870 cm^{-1} dans leurs spectres Raman au cours de la transition de la phase maghémite (γ-Fe$_2$O$_3$) en hématite (α-Fe$_2$O$_3$), ce qui confirme que ce pic est relié à la coexistence des phases magnétite et maghémite.

La présence d'une couche lépidocrocite (γ-FeOOH) à la surface des particules Fe$_3$O$_4$ pourrait jouer un rôle important au cours de la transformation de la phase magnétite (Fe$_3$O$_4$) en hématite (α-Fe$_2$O$_3$). En effet, il a été démontré expérimentalement que la lépidocrocite catalyse la réaction d'oxydation des cations Fe(II) ce qui facilite la transition de la magnétite (Fe$_3$O$_4$) en maghémite (γ-Fe$_2$O$_3$) [37]. D'autre part, la phase lépidocrocite (γ-FeOOH) est instable et peut facilement se transformer en phase maghémite (γ-Fe$_2$O$_3$) sous l'effet de la température [38].

En se basant sur ces données et sur nos mesures Raman-SERS, nous avons proposé un mécanisme de transition de phase magnétite (Fe$_3$O$_4$) en hématite (α-Fe$_2$O$_3$). En effet, nous supposons que la transition de phase magnétite en hématite est déclenchée par la couche lépidocrocite (γ-FeOOH) qui se transforme en maghémite (γ-Fe$_2$O$_3$) en créant une interface magnétite/maghémite et/ou un mélange de phases dans lequel les deux phases magnétite et maghémite coexistent, ceci se traduit dans le spectre Raman par l'apparition du pic Raman Fe-O-Fe à 870 cm^{-1}. En augmentant la puissance du laser au delà de 25%, la phase maghémite (γ-Fe$_2$O$_3$) à son tour se transforme et donne lieu à l'apparition de la phase hématite (α-Fe$_2$O$_3$) qui devient la phase prédominante au delà de 50% de la puissance laser. La figure 19 illustre cette transformation.

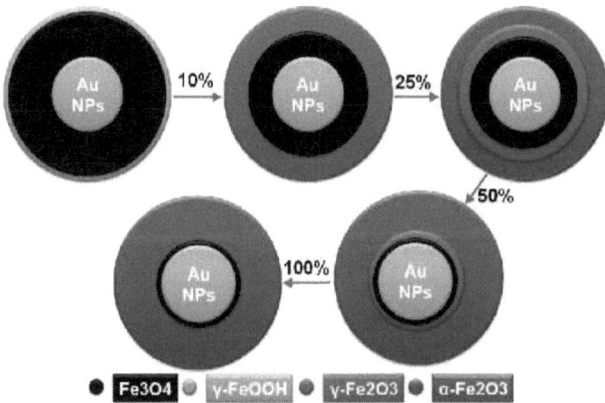

Figure 19. Schéma proposé pour la transformation de la phase magnétite (Fe$_3$O$_4$) en hématite (α-Fe$_2$O$_3$) due à l'augmentation de température induite par l'excitation optique.

V. Estimation de la température à la surface des particules Au-Fe$_3$O$_4$

A défaut de mesurer l'augmentation de température induite par l'excitation optique, nous l'avons estimée en prenant en compte les caractéristiques du faisceau laser (intensité et taille du faisceau focalisé), la section efficace d'absorption optique d'une nanoparticule Au-Fe$_3$O$_4$ et sa conductivité thermique.

D'après l'équation de Fourier, pour une particule Au-Fe$_3$O$_4$ isolée de rayon a, la température T à la surface externe de la couche Fe$_3$O$_4$ est donnée par T = To + (σ$_{abs}$.I)/(4πka) [39] où To est la température ambiante, I l'intensité du laser, k = 3.8 Wm^{-1}.K^{-1} est la conductivité thermique de Fe$_3$O$_4$ [40] et σ$_{abs}$ la section efficace d'absorption à la longueur d'onde excitatrice (638 nm) ; σabs est obtenue à partir des simulations DDA. Pour I = 1.4 10^4 Wcm^{-2} (0.1%), on obtient une température surfacique T = 35°C (y compris la température ambiante 25°C). Cette température est bien en dessous de la température de transition de la phase magnétite (Fe_3O_4) en maghémite (γ-Fe_2O_3) (~200°C) [41]. Ce qui est en bon accord avec le spectre Raman-SERS (Figure 18) qui ne montre aucun pic Raman caractéristique de la phase maghémite (γ-Fe_2O_3). En augmentant la puissance du laser à 1.4 Wcm^{-2} 10^6 (10%), on obtient une température surfacique T=125°C. Cette valeur est encore en dessous de la température de transition de la phase magnétite (Fe_3O_4) en maghémite (γ-Fe_2O_3). Néanmoins, une telle transition est observée pour 1.4 10^6 Wcm^{-2} (10%) (Figure 18). En effet, les mesures ont été effectuées sur des "petites agrégats de particules" comportant 5 particules au plus. Par conséquent, la température réelle devrait être plus grande que celle estimée pour une particule unique (T=125°C) et au-dessus de la température de transition de phase magnétite-maghémite (200°C) mais inférieure à la température de transition de la phase maghémite en hématite (400 °C) [41]. Cette dernière est atteinte ou dépassée pour une intensité de 3.5 10^6 Wcm^{-2} (Figure 18).

On peut se demander si l'augmentation de température, due à l'excitation optique ne déstabilise pas les nanoparticules Au-Fe_3O_4 en détruisant les ligands organiques. En fait, comme on peut le noter (Figure 18), les signatures Raman de la maghémite et de l'hématite produites par la transition de phase sont bien définies. Les largeurs et intensités relatives des raies Raman sont tout à fait comparables à celles observées dans matériaux massifs [33,41].

Dans le cas d'une amorphisation ou d'une disparition des nanoparticules d'oxyde de fer, leurs signatures Raman seraient élargies et faibles, voire inexistantes.

VI. Conclusion

Dans ce chapitre, nous avons synthétisé des NPs hybrides Au-Fe_3O_4 par la méthode polyol en utilisant le triéthylène glycol (TREG) comme solvant, réducteur et surfactant. Un mécanisme chimique, rendant compte du processus de formation de ces nanoparticules, a été proposé. Nous avons aussi étudié les propriétés plasmonique et de diffusion Raman exaltée de surface (SERS) de ces nanoparticules.

Nous avons montré que ces particules hybrides présentent une forte résonance plasmonique qui génère un signal SERS intense. L'étude des fluctuations temporelles du signal SERS nous a permis de détecter et de distinguer le signal des molécules organiques de celui des nanoparticules de Fe_3O_4 formant une coquille autour des cœurs d'or.

En combinant mesures SERS à différentes longueur d'onde d'excitation et simulations numériques, nous avons même pu identifier le signal d'un hydroxyde de fer, la lepidocrocite, à la surface du Fe_3O_4. Nous avons suggéré que cet hydroxyde pouvait jouer un rôle important dans le mécanisme de transition de phase des nanoparticules de magnétite Fe_3O_4. Cette transition a été étudiée grâce à la diffusion Raman-SERS excitée à différentes intensités du faisceau laser de sonde ; la résonance plasmonique apportée par le cœur d'or jouant le rôle d'un convertisseur d'énergie électromagnétique en chaleur. Nous avons pu suivre cette transition et en proposer un mécanisme basé sur une nucléation à partir de la couche surfacique de lepidocrocite. Cette étude a été menée pour la première fois sur des nanoparticules hybrides. Elle a été rendue possible grâce à la combinaison des propriétés plasmoniques et des propriétés de diffusion Raman exaltée de surface.

VII.   Références bibliographiques

[1] S.H. Choi, H.B. Na, Y.I. Park, K. An, S.G. Kwon, Y. Jang, M. Park, J. Moon, J.S. Son, I.C. Song, et al. J. Am. Chem. Soc. 130 (2008) 15573−15580.

[2] T. Yu, J. Zeng, B. Lim, Y. Xia, Adv.Mater. 22 (2010) 5188−5192.

[3] J.H. Bang, P.V. Kamat, ACS Nano 3 (2009) 1467−1476.

[4] J.T. Zhang, Y. Tang, K. Lee, Ouyang, Nature 466 (2010) 91−95.

[5] R.G. Chaudhuri, Paria, Chem. Rev. 112 (2012) 2373−2433.

[6] K.C. Leung, F.S. Xuan, X. Zhu, D. Wang, Siu-Fung Lee, C.-P. C. Hob, W. K.-W. Chung, Chem. Soc. Rev. 41 (2012) 1911−1928.

[7] W. Shi, H. Zeng, Y. Sahoo, T.Y. Ohulchansky, Y. Ding, Z.L. Wang, Swihart, Nano Lett. 6 (2006) 875−881.

[8] J. Xie, F. Zhang, M. Aronova, L. Zhu, X. Lin, Q. Quan, G. Liu, G. Zhang, K.Y. Choi, K. Kim, et al. ACS Nano 5 (2011) 3043−3051.

[9] J. Kim, S. Park, J.E. Lee, S.M. Jin, J.H. Lee, I.S. Lee, I. Yang, J.S. Kim, S.K. Kim, M.H. Cho, Hyeon, Angew. Chem., Int. Ed. 45 (2006) 7754−7758.

[10] W. Brullot, M. Valev, V.K. Verbiest, Nanomed. Nanotechnol. Biol. Med. 8 (2012) 559−568.

[11] H.P. Peng, R.P. Liang, L. Zhang, J.D Qiu, Biosens. Bioelectron. 42 (2013) 293−299.

[12] H.M. Song, Q. S. Wei, Q. K. Ong, Wei, ACS Nano 4 (2010) 5163−5173.

[13] H.W. Gu, K.M. Xu, C.J. Xu, Chem. Commun. 46 (2006) 941−949.

[14] J. Bao, W. Chen, T.T. Liu, Y.L. Zhu, P.Y. Jin, L.Y. Wang, J.F. Liu, Y.G. Wei, Y.D. Li, ACS Nano 1 (2007) 293−298.

[15] S. Kumari, R.P. Singh, Int. J. Biol. Macromol. 54 (2013) 244−249.

[16] W.L. Shi, H. Zeng, Y. Sahoo, T.Y. Ohulchanskyy, Y. Ding, Z.L. Wang, M. Swihart, P.N.A Prasad, Nano Lett. 6 (2006) 875−881.

[17] Y.H. Wei, R. Klajn, A.O. Pinchuk, B.A. Grzybowski, Small 4 (2008) 1635−1639.

[18] Y. Sheng, J. Xue, Colloid Interface Sci. 374 (2012) 96−101.

[19] H.L. Liu, J.H. Wu, J.H. Min, Y.K. Kimc, J. Alloys Compd. 537 (2012) 60−64.

[20] J. Bao, W. Chen, T.T. Liu, Y.L. Zhu, P.Y. Jin, L.Y. Wang, J.F. Liu, Y.G. Wei, Y.D. Li, ACS Nano 1 (2007) 293−298.

[21] C. Wang, Y.W. Jiang, H. Sun, Nano Lett. 9 (2009) 4544−4547.

[22] J. Livage, M. Henry, Sanchez, Prog. Solid State Chem. 18 (1988) 250−341.

[23] L. Poul, N. Jouini, F. Fievet, Chem. Mater. 12 (2000) 3123−3132.

[24] F. Fievet, J.P. Lagier, B. Blin, Solid State Ionics 32/33 (1989) 198−205.

[25] M. Jeonb, J. Moona, X. Ji, X. Song, J. Li, Y. Bai, W. Yang, Peng, J. Am. Chem. Soc. 129 (2007) 13939−13948.
[26] E.V. Shevchenko, M.I. Bodnarchuk, M.V. Kovalenko, D.V. Talapin, R.K. Smith, S. Aloni, W. Heiss, Alivisatos, Adv. Mater. 20 (2008) 4323−4329.
[27] R.J. Thibeau, C.W. Brown, Heidersbach, Appl. Spectrosc. 32 (1978) 532 −535.
[28] O.N. Shebanova, P. Lazor, J. Raman Spectrosc. 34 (2003) 845-852.
[29] O.N. Shebanova, P. Lazor, J. Solid State Chem. 174 (2003) 424-430.
[30] D.L.A. De Faria, S. Venancio Silva, M.T. de Oliveira, J. Raman Spectrosc. 28 (1997) 873−878.
[31] I. Romero, J. Aizpurua, G.W. Bryant, F.J. García de Abajo, Opt. Express, 11 (2006) 1-12.
[32] P. Nordlander, C. Oubre, Nano Lett. 2004, 4, 899-903.
[33] Y. E. Mendili, J. F. Bardeau, N. Randrianantoandro, F. Grasset, J.M. Greneche, J. Phys. Chem. C 116 (2012) 23785−23792.
[34] E. Ye, K.Y. Win, H.R. Tan, M. Lin, C.P. Teng, A. Mlayah, M.Y. Han, J. Am. Chem. Soc. 133 (2011) 8506−8509.
[35] J. Gallagher, W. Feitknecht, U. Mannweiler, Nature 217 (1968) 1118−1121.
[36] D.M. Kurtz, Chem. Rev. 90 (1990) 585−606.
[37] W. Sung, Catalytic Effects of the γ-FeOOH (lepidocrocite) Surface on the Oxygenation Removal Kinetics of Fe(II) and Mn(II); California Institute of Technology: Pasedena, CA, 1980.
[38] A.U. Gehring, A.M. Hofmeister, Clays Clay Miner. 42 (1994) 409−415.
[39] G. Baffou, C. Girard, R. Quidant, Phys. Rev. Lett. 104 (2010) 136805−136808.
[40] J. Mølgaar, W.W. Smeltzer, J. Appl. Phys. 42 (1971) 3644−3647.
[41] A.M. Jubb, H.C. Allen, ACS Appl. Mater. Interfaces 2 (2010) 2804−2812.

CHAPITRE IV
SYNTHÈSE DE NANOPARTICULES HYBRIDES Au-ZnO POUR LA PHOTOCATALYSE

Sommaire

I. Introduction 108
II. Aperçu bibliographique 108
III. Synthèse de nanoparticules hybrides Au-ZnO 113
   III.1. Synthèse et caractérisation de nanocristaux (NCs) d'oxyde de zinc en milieu polyol 114
      III.1.1. Protocole expérimental 114
      III.1.2. Caractérisations structurales et microstructurales 114
         III.1.2.1. Analyse par diffraction des rayons X (DRX) 114
         III.1.2.2. Analyse par Microscopie électronique en transmission (MET) et par spectroscopie de perte d'énergie d'électrons (EELS) 115
      III.1.3. Mécanisme de formation des nanocristaux (NCs) d'oxyde de zinc 116
      III.1.4. Propriétés optiques des NPs de ZnO, effets de taille 117
         III.1.4.1. Analyse par spectroscopie d'absorption UV 117
         III.1.4.2. Propriétés de photoluminescence (PL) 119
IV. Élaboration et caractérisations de nanoparticules hybrides Au-ZnO 120
   IV.1. Caractérisations structurales et microstructurales 121
      IV.1.1. Analyse par diffraction des rayons X (DRX) 121
      IV.1.2. Analyse par microscopie électronique et spectrométrie par dispersion d'énergie X (EDX). 122
   IV.2. Mécanisme chimique de formation 124
V. Propriétés optiques des nanoparticules hybrides Au-ZnO 126
   V.1. Propriétés Plasmoniques 126
   V.2. Spectroscopie de diffusion Raman 127
VI. Effet du rapport molaire Zn^{II}/Au^{III} 128
   VI.1. Analyse par diffraction des rayons X (DRX) 128
   VI.2. Analyse par microscopie électronique en transmission et EDX 129
VII. Conclusion 130
VIII. Références bibliographiques 131

I. Introduction

Les propriétés électroniques, optoélectroniques et catalytiques des oxydes semi-conducteurs, ont été intensivement étudiées ces dernières années. L'oxyde de zinc (ZnO) est un semi-conducteur à large gap, de bande interdite d'environ 3,37 eV à la température ambiante à l'état massif [1]. Il présente diverses propriétés telles que la transparence dans le domaine visible, l'émission dans l'ultra violet à température ambiante [2], une stabilité électrochimique élevée [3], une faible toxicité [4], etc. De ce fait, cet oxyde présente potentiellement de nombreuses applications surtout dans les domaines de l'optique (fabrication des biocapteurs, diodes laser, cellules photovoltaïques) [5], de la catalyse (oxydation photochimique de l'oxygène en ozone, synthèse du peroxyde d'hydrogène [6], oxydation des phénols [7]) et de la biologie (activité antibactérienne [8]).

Les nanomatériaux hybrides avec une interface Métal (Au, Ag, Cu) - Semi-conducteur (ZnO, TiO_2, ZnS, etc.) suscitent un vif intérêt [9-12]. En effet, la résonance plasmons de surface des NPs métalliques génère un transfert d'énergie à partir de la surface métallique vers le semi-conducteur qui l'entoure. Ceci permet de modifier d'une manière significative les propriétés optiques du métal et du semi-conducteur et surtout améliorer les propriétés catalytiques du semi-conducteur [13,16].

Les nanoparticules bifonctionnelles Au-ZnO présentent plusieurs avantages (toxicité faible, biocompatiblité, stabilité chimique élevée) et beaucoup d'intérêts pour des applications biologiques, photocatalytiques et récemment en optoélectronique [17,20].

C'est dans ce contexte que s'inscrit ce chapitre qui consiste à élaborer et à étudier les propriétés optiques de NPs hybrides Au-ZnO. Nous nous sommes donc intéressés au développement de nouvelles stratégies de synthèse en adoptant la méthode polyol.

II. Aperçu bibliographique

Des progrès importants au niveau de la synthèse et du contrôle des NPs hybrides Métal-Semi-conducteur ont été réalisés ces dernières années [21-35]. À ce jour, seuls quelques groupes de recherche ont réussi à synthétiser ces NPs hybrides Au-ZnO

Des nanobâtonnets Au-ZnO ont été synthétisés en solution aqueuse par Zhang et coll. [36]. Le protocole expérimental consiste à préparer dans un premier temps des nanobâtonnets de ZnO dans le méthanol, à les transférer dans une solution de citrate de sodium puis à ajouter le $HAuCl_4$. La réaction est menée à température ambiante. La forme des NPs élaborées varie en fonction du rapport $ZnO/HAuCl_4$ (Figure 1). Ces NPs sont très prometteuses pour applications opto-électroniques car elles génèrent des émissions optiques intenses dans le domaine UV-visible [20].

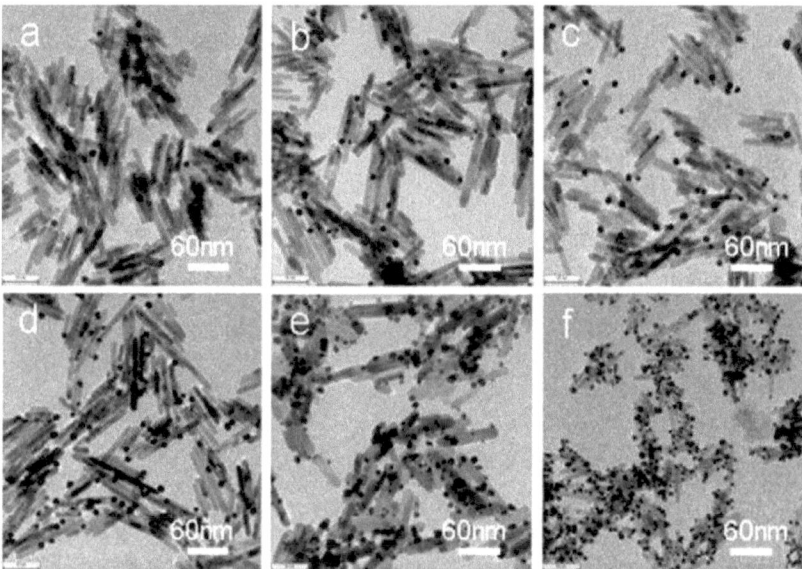

Figure 1. Images MET des NPs Au-ZnO obtenues à la température ambiante en faisant varier le rapport molaire ZnO/HAuCl$_4$: (a) 200, (b) 150, (c) 100, (d) 50, (e) 25, (f) 10 [36].

En adoptant la méthode de croissance à partir de germes ("seeding-growth"), le groupe de Yadong Li et coll. [23] ont réussi à préparer des NPs hybrides Au-ZnO de formes hexagonales pyramidales (Figure 2-a). Dans ce cas, l'or est utilisé comme germe de croissance : des NPs d'or dispersées dans l'hexane sont ajoutées à une solution d'acétate de zinc dans l'oleylamine (OAm) et le dodecanol (DDL). Le mélange est chauffé lentement à 120°C pour éliminer l'hexane et l'eau puis rapidement à 180°C pendant quelques minutes. Le mécanisme de formation des NPs Au-ZnO est illustré dans la figure 2-b.

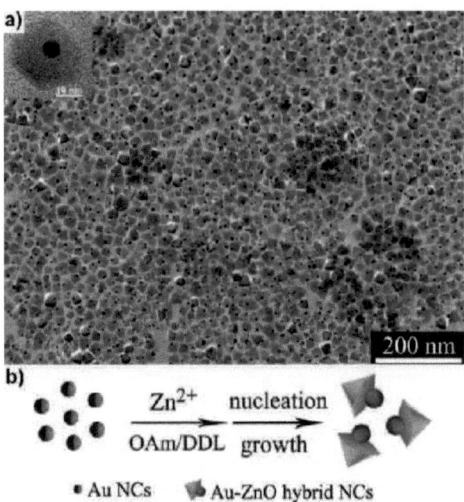

Figure 2. (a) Image MET et (b) schéma illustre la formation des NPs hybride Au-ZnO en milieu organique en présence de l'oeylamine [23].

Le test de la dégradation photo-catalytique sous irradiation UV de la rhodamine B (RhB) déposées sur des NPs Au-ZnO montre que ces NPs présentent une bonne performance catalytique comparée à celle du ZnO pur. Les résultats expérimentaux montrent une augmentation du rendement de la dégradation catalytique d'un facteur de 10 (Figure 3). L'augmentation de la performance catalytique serait attribuée à un effet cinétique dû au transfert de charge entre l'or et l'oxyde de zinc.

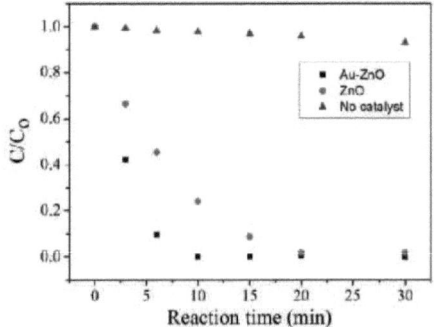

Figure 3. Dégradation photo-catalytique de la rhodamine B (RhB) sous irradiation UV [23]. C/Co est la concentration de RhB à un instant donné relativement à la concentration initiale.

II. Aperçu bibliographique

Récemment, Jisun Im et coll. [35] ont réussi la synthèse des NPs hybrides Au-ZnO en utilisant un ligand di-thiol qui assure la combinaison des NPs d'or avec des nanobâtonnets d'oxyde de zinc dans le toluène (Figure 4). Le protocole expérimental adopté consiste à introduire une quantité d'oxyde dans une solution de toluène contenant des NPs d'or fonctionnalisées par l'octanethiol (OT-AuNPs), l'ensemble est bien mélangé à la température ambiante. Enfin, une quantité adéquate de p-Terphenyl-4,400-dithiol (TPDT) dissoute dans le toluène est ajoutée au mélange réactionnel et le mélange est laissé sous agitation pendant une heure à température ambiante. Le mécanisme de formation de ces NPs est illustré dans la figure 5.

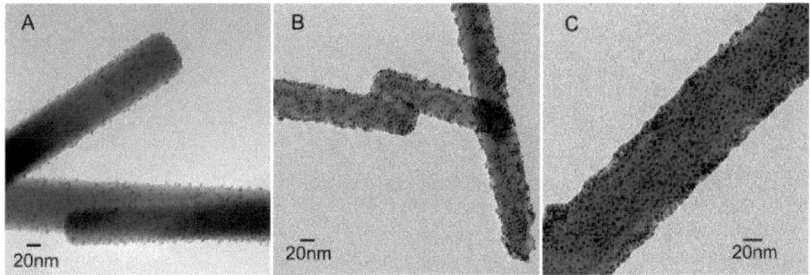

Figure 4. Images MET des NPs hybrides Au-ZnO obtenues en faisant varier le rapport molaire Au/ZnO et la quantité de TPDT introduite : (A) (1/50 et 0.034 mmol de TPDT), (B) (1/5 et 0.034 mmol de TPDT) et (C) (1/5 et 0.2 mmol of TPDT) [35].

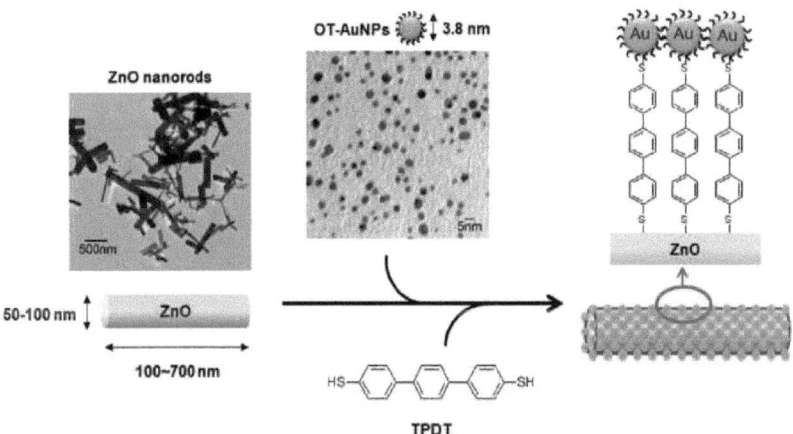

Figure 5. Synthèse des NPs hybrides Au-ZnO en utilisant des liaisons di-thiol [35].

Les mesures optiques effectuées sur ce nanocomposite montrent une augmentation très remarquable de l'absorption par les transitions excitoniques et plasmonique UV-Visible caractéristiques des NPs d'oxyde de zinc et des NPs d'or, respectivement (Figure 6A). Sur le spectre de photoluminescence (PL) à température ambiante (Figure 6B), la bande intense caractéristique des défauts de structures du ZnO est atténuée dans le nanocomposite Au-ZnO et une augmentation de l'intensité de la bande d'émission UV est observée.

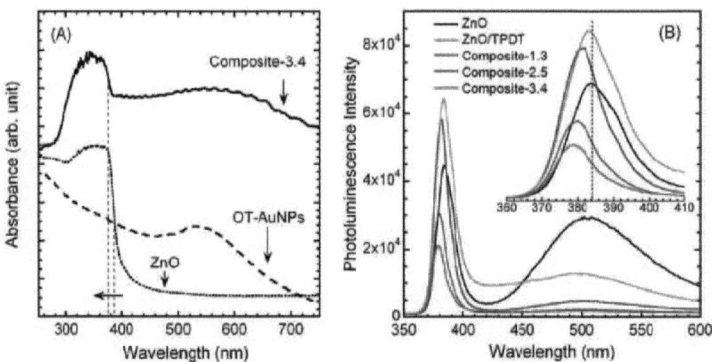

Figure 6. (A) : Spectres UV-Visible des nanobâtonnets ZnO, OT-AuNPs et des NPs hybride Au-ZnO et (B) spectre de photoluminescence du ZnO, ZnO/TPDT et du nanocomposite Au-ZnO pour différent rapport Au/ZnO [35].

Plus récemment, en adoptant le processus d'électrodéposition chimique, Xue Zhao et coll. [37] ont préparé des nanofils hybrides Au-ZnO (Figure 7) en utilisant une membrane poreuse anodique d'oxyde d'aluminium comme support.

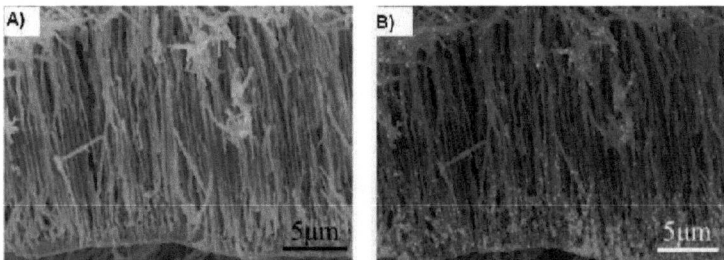

Figure 7. (A) : Image MET des nanofils Au-ZnO et (B) carte EDX montrant la distribution des éléments chimiques Au (points verts) et Zn (points rouges) dans les nanofils hybrides [37].

Les propriétés photocatalytiques des nanofils hybrides Au-ZnO sont plus inintéressantes comparées à celles du ZnO pur. Le rendement catalytique de la photodégradation d'un colorant (orange de méthyle (OM)) à température ambiante montre une augmentation d'un facteur 3 (Figure 8).

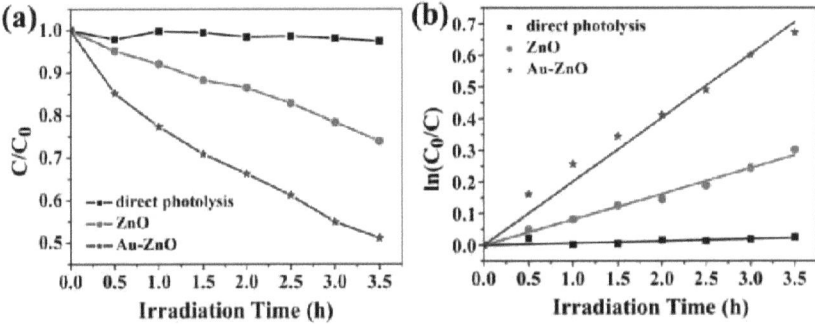

Figure 8. Photodégradation de l'orange de méthyle sous irradiation UV [37]. C/Co est la concentration de l'orange de méthyle à un instant donné relativement à la concentration initiale.

Dans notre travail, nous rapportons la synthèse de nanoparticules hybrides Au-ZnO par chimie douce en adoptant la stratégie "one pot" en milieu polyol sans recours à d'autres réactifs dans le mélange réactionnel. Le solvant utilisé est le 1,3 propanediol. Ce dernier agit comme agent réducteur et surfactant.

III. Synthèse de nanoparticules hybrides Au-ZnO

L'élaboration de nanoparticules hybrides présentant des propriétés optiques et catalytiques optimales nécessite le développement de techniques de synthèse appropriées pour à la fois minimiser le désordre cristallin, malgré les conditions douces de synthèse, et contrôler la taille et la dispersion en taille des nanoparticules sans avoir recours à une étape supplémentaire de tri. La méthode polyol a été retenue compte tenu de ses nombreux avantages (Annexe 1).

L'idée est tout d'abord de préparer des NPs d'oxyde de zinc de faible taille (des germes de ZnO) pour les déposer par la suite sur la surface des NPs d'or en solution. En effet, les NPs d'or ont une grande réactivité de surface ce qui favorise la formation et/ou l'adsorption des germes de ZnO (eux mêmes présentant une énergie de surface importante).

Dans tous les travaux décrits dans la littérature, utilisant le procédé polyol, les particules d'oxyde de zinc pur élaborées dans l'EG, DEG et le PEG sont généralement des particules de grande taille (20-80 nm) [38-40]. C'est pourquoi, pour réussir la synthése des NPs hybrides Au-ZnO en milieu polyol, nous avons essayé de contrôler tout d'abord la synthèse des germes d'oxyde de zinc. Plusieurs solvants (EG, DEG, PEG et 1,3 propanediol) ont été testés.

III.1. Synthèse et caractérisation de nanocristaux (NCs) d'oxyde de zinc en milieu polyol

III.1.1. Protocole expérimental

Le protocole expérimental adopté est le suivant : une quantité d'acétate de zinc dihydratée ($Zn(CH_3COO)_2 \cdot 2H_2O$) bien broyée dans un mortier en agate, est ajoutée à 50 ml de 1,3-propanediol sous agitation mécanique. L'ensemble est bien mélangé aux ultrasons à la température ambiante jusqu'à dissolution complète de l'acétate de zinc. Le mélange, chauffé tout d'abord à 150°C, est maintenu à cette température pendant 10 min puis chauffé à 160°C pendant 1 heure. A la fin de la réaction, la solution est de couleur blanche. Le produit formé est récupéré par centrifugation (8000 tours/min), lavé plusieurs fois à l'éthanol et une fois à l'acétone puis séché à l'étuve à 50°C.

III.1.2. Caractérisations structurales et microstructurales

III.1.2.1. Analyse par diffraction des rayons X (DRX)

Le diagramme de diffraction des rayons X (DRX) enregistré sur la poudre retenue est donné dans la figure 9. Il met en évidence une phase unique correspondant à la phase ZnO hexagonale würtzite de groupe d'espace $P6_3mc$ avec les paramètres de maille a = 3.249(2) Å et c = 5.208(3) Å, (JCPDS 36-1451). Les raies de diffraction apparaissent particulièrement élargies suggérant la formation de particules d'oxyde de zinc de taille nanométrique. Dans la limite de détection de la technique, aucune trace d'impureté cristallisée n'est décelée.

III. Synthèse de nanoparticules hybrides Au-ZnO

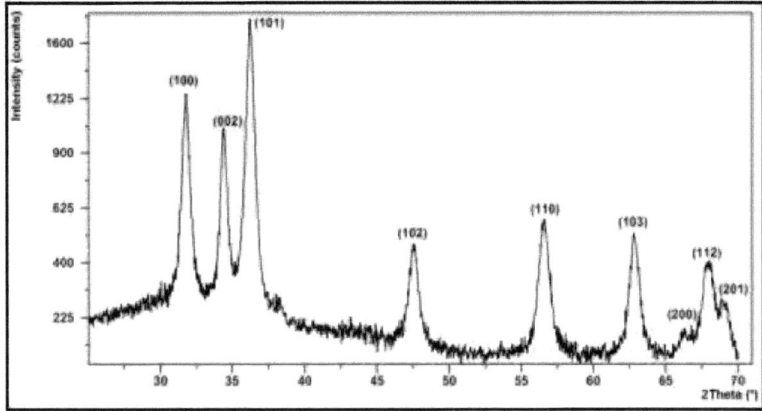

Figure 9. Diffractogramme de la poudre ZnO préparée dans le 1,3 propanediol.

III.1.2.2. Analyse par Microscopie électronique en transmission (MET) et par spectroscopie de perte d'énergie d'électrons (EELS)

L'observation des images de microscopie électronique en transmission de la poudre d'oxyde de zinc (Figure 10-a) montre que celle-ci est constituée de nanoparticules bien individualisées, monodisperses et de taille nanométrique. Elles sont quasi-sphériques, de diamètre compris entre 4 et 7 nm avec une taille moyenne de 5,2 nm (histogramme de la Figure 10-b). Le faible taux d'agglomération des NPs peut être associé à la présence de la matière organique adsorbée à leur surface. Les espèces organiques (polyol et acétate) occasionnent des répulsions électrostériques entre elles empêchant le rapprochement des particules et leur agrégation.

Les mesures EELS (Figure 10-c) effectuées sur un ensemble de particules montrent la présence des pics Zn_{L23} et O_K caractéristiques des pertes du zinc et de l'oxygène de l'oxyde de zinc (ZnO) en bon accord avec d'autres travaux [41]. Les mesures EELS confirment la pureté des particules d'oxyde de zinc élaborées.

A haute résolution (HRTEM), les clichés pris sur quelques nanoparticules de ZnO confirment leur caractère monocristallin et mettent en évidence leur haute cristallinité (Figure 10-d). En effet, sur les différents clichés HRTEM observés, les plans réticulaires {0001} se trouvent orientées selon la direction [0001]. Aucune couche amorphe de surface n'est apparente autour de ces particules. Aucune présence de dislocations, de macles, ou de défauts quelconques en cœur ou en surface des particules, n'est relevée. Ces observations sont en bon accord avec les mesures de diffraction X. Cette grande qualité cristalline est sans aucun doute liée aux conditions particulières de la synthèse en milieu polyol. En effet, l'hydrolyse à l'origine de la précipitation des particules d'oxyde est réalisée à chaud et sous reflux dans des conditions de température et de pression comparables, dans une certaine mesure, à celles de la synthèse hydrothermale (synthèse en autoclave sous pression autogène). De plus, la phase oxyde se forme directement dans le milieu réactionnel contrairement au cas de la synthèse sol-gel classique, où souvent un intermédiaire réactionnel de type, hydroxyde, hydroxy-alcolate, hydroxy-carbonate, carbonate, etc., généralement amorphe, se forme en premier lieu et c'est par un traitement thermique ultérieur que ce dernier conduit ex-situ à la formation de la phase oxyde.

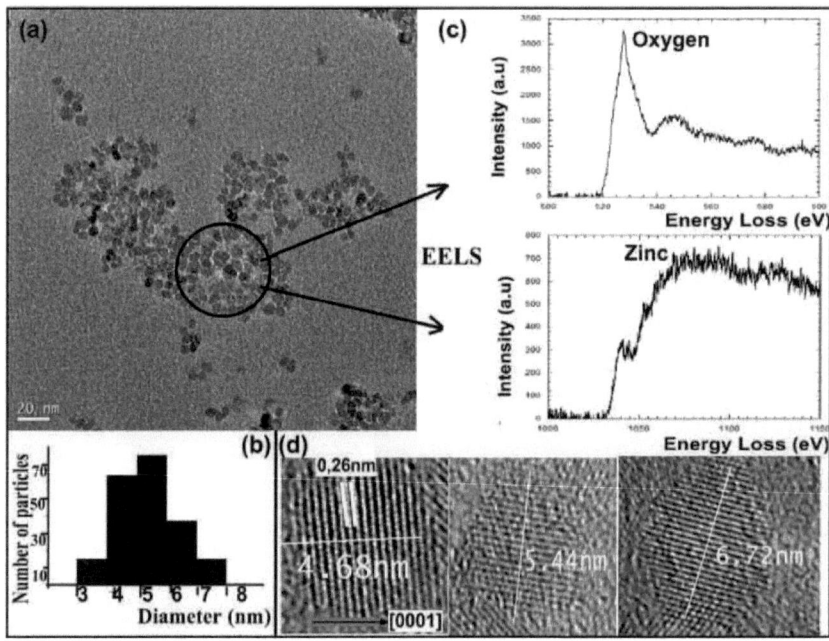

Figure 10. (a) image MET, (b) distribution de taille, (c) spectre EELS et (d) images HRMET des NPs ZnO préparées en milieu polyol.

III.1.3. Mécanisme de formation des nanocristaux (NCs) d'oxyde de zinc

En utilisant la chromatographie en phase gazeuse couplée à la spectrométrie de masse (CG-MS), Il a été démontré récemment [42] que la réaction entre le 1,3-propanediol et l'acétate de zinc abouti à la formation de l'hydroxyde de zinc ($Zn(OH)_2$) comme intermédiaire réactionnel et le diacétate de propyle comme sous-produit (Figure 11). La formation spontanée de l'hydroxyde de zinc comme monomère, augmente la vitesse de nucléation en solution et facilite la formation d'un grand nombre de germes ZnO via une réaction de polycondensation [42] : plus le nombre de germes initial est grand et plus la taille des particules finales est petite [43].

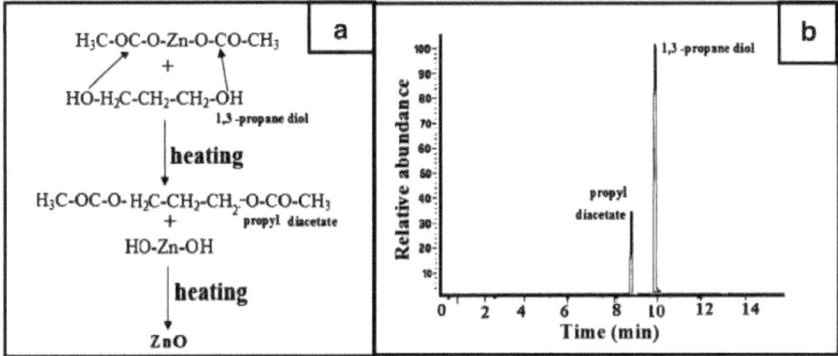

Figure 11. (a) Réaction de formation d'un hydroxyde de zinc entre le 1,3-propanediol et l'acétate de zinc et (b) identification par CG-MS de diacétate de propyle formé [42].

III.1.4. Propriétés optiques des NPs de ZnO, effets de taille
III.1.4.1. Analyse par spectroscopie d'absorption UV

Le spectre d'absorption UV des nanocristaux de ZnO préparés dans le 1,3-propanediol, est présenté dans la Figure 12. Le spectre des NPs ZnO préparés dans le diéthylène glycol (DEG) (taille de 20 nm) est présenté pour comparaison.

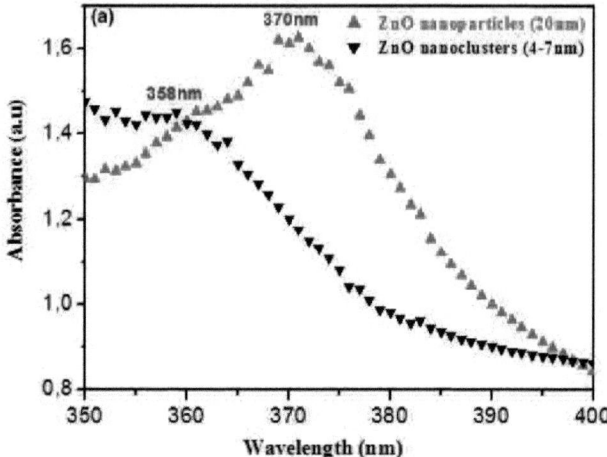

Figure 12. Spectres UV des NPs ZnO élaborées dans le 1,3-propanediol (~5,2 nm) et dans le DEG (20 nm).

La poudre préparée dans le 1,3-propanediol (~5,2 nm) présente un pic UV à 358 nm (3,47 eV) décalé vers le bleu de 17,6 nm (127 meV) par rapport aux NPs de 20 nm (375 nm correspondant à 3,3 eV). C'est le plus grand déplacement vers le bleu observé à température ambiante jusqu'à présent pour des nanocristaux de ZnO (~5,2 nm) [38]. Ce phénomène est une conséquence directe de la mécanique quantique : les niveaux électroniques sont confinés dans un puits de potentiel dont la taille est plus petite que le rayon de Bohr excitonique. En diminuant suffisamment la taille des particules, le seuil d'absorption est décalé vers les plus hautes énergies, la bande de gap devient plus large et la structure électronique est affectée (Figure 13) [38].

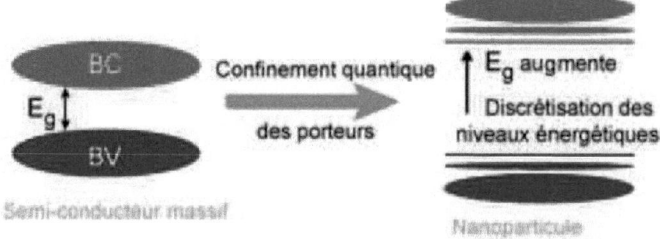

Figure 13. Représentation schématique de l'évolution de la bande interdite en fonction de la taille des particules.

III.1.4.2. Propriétés de photoluminescence (PL)

La photoluminescence correspond à une émission qui se trouve décalée vers les grandes fréquences (déplacement vers le bleu) pour les nanomatériaux. La photoluminescence est un phénomène qui correspond à l'annihilation d'une paire électron-trou. Les matériaux utilisés à cet effet sont les semi-conducteurs II-VI et III-V à transitions directes (transitions bande à bande).

Le spectre de photoluminescence (PL) enregistré à température ambiante sur la poudre de nanoparticules de ZnO préparée dans le 1,3-propanediol est présenté sur la Figure 14. La longueur d'onde d'excitation laser utilisée dans cette étude est 300 nm.

L'émission PL observée couvre une large gamme spectrale allant de 400 à 800 nm. Une bande de forte intensité à 648 nm ainsi que plusieurs bandes autour de 510, 550, et 606 nm, qui se recouvrent, sont aussi observées.

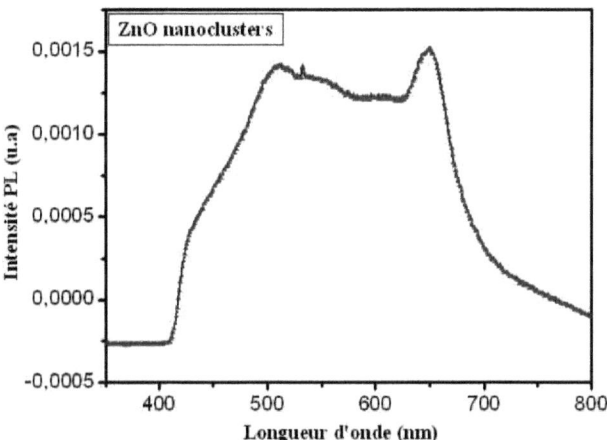

Figure 14. Spectre de photoluminescence des NPs ZnO élaborées dans le 1,3-propanediol.

Il a été démontré dans plusieurs études que l'émission visible des NPs de ZnO dépend fortement de leurs défauts cristallins présents à l'intérieur et à la surface des nanoparticules. Ces défauts peuvent être des impuretés, des défauts de structure tels que des atomes interstitiels, des lacunes ou des dislocations. Quels qu'ils soient, ces défauts vont modifier les propriétés électroniques du monocristal [44]. On peut attribuer les émissions observées sur le spectre PL (Figure 14) à des recombinaisons radiatives des électrons photo-générés dans la bande de conduction, avec des trous piégés dans des niveaux profonds à l'intérieur de la bande interdite de ZnO. La figure ci-dessous (Figure 15) donne une représentation schématique de la position de ces défauts dans le "gap" du monocristal. L'émission due aux défauts profonds dépend de leurs niveaux au sein de la bande interdite et peut donc avoir lieu à différentes longueurs d'ondes. L'énergie de piégeage des excitons aux défauts peu profonds étant très faible, l'émission caractéristique de ces défauts est très proche énergétiquement de celle des excitons libres et n'est visible qu'à basse température.

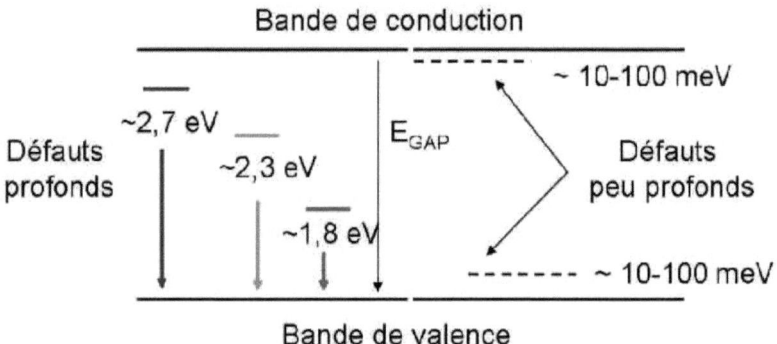

Figure 15. Implantation dans la bande interdite des défauts profonds et peu profonds.

En effet, comme nous avons préparé des particules de faible taille (~5,2 nm), le rapport surface/volume devient plus important et par conséquence, le pourcentage de défauts de surface augmente et le piégeage des trous photo-générés sur les sites surfaciques a lieu d'une manière plus remarquable et sera aisément détectable. Ceci est confirmé par le spectre PL. En effet, les pics de forte intensité couvrent une large gamme spectrale indiquant la prépondérance des défauts dans les NPs ZnO élaborées. Ces pics sont attribués à l'existence des ions O^{2-} à la surface des nanoparticules élaborées [45,46]. Des travaux bibliographiques montrent que le processus de recombinaisons photo-générés à la surface qui implique l'émission PL, est largement influencé par la taille des nanoparticules de ZnO [45,46].

IV. Élaboration et caractérisations de nanoparticules hybrides Au-ZnO

Le dispositif expérimental est le même que celui utilisé pour la préparation des nanoplaquettes triangulaires d'or (Chapitre2-section II.1).

La préparation des NPs hybrides Au-ZnO est effectuée dans un ballon tricol de 100 ml : 0.038 mmol de $HAuCl_4.3H_2O$ et 0.17 mmol d'acétate de zinc dihydratée ($Zn(CH_3COO)_2.2H_2O$) sont ajoutés à 50 ml du 1,3-propanediol sous agitation mécanique. Le mélange réactionnel est chauffé à 150°C pendant 10 min puis à 160°C pendant 1 heure. Après refroidissement à la température ambiante, une suspension colloïdale homogène rouge (Figure 16) est obtenue. Le produit est séparé par centrifugation, lavé plusieurs fois à l'éthanol avant d'être re-dispersé dans de l'éthanol et stocké sous air sans précaution particulière.

Figure 16. Solution colloïdale de nanoparticules Au-ZnO dans le 1,3 propanediol.

IV.1. Caractérisations structurales et microstructurales

IV.1.1. Analyse par diffraction des rayons X (DRX)

La poudre retenue est caractérisée par diffraction des rayons X. Son diagramme DRX ainsi que celui enregistré sur des particules de ZnO pur (pris comme référence) sont donnés ci-dessous (Figure 17). Le diffractogramme obtenu traduit la formation de la phase ZnO würtzite attendue en présence des raies caractéristiques de la phase cubique de l'or métallique pour la poudre Au-ZnO. Aucune autre phase n'est décelable. Les raies sont particulièrement larges pour Au-ZnO traduisant le caractère nanométrique des particules élaborées.

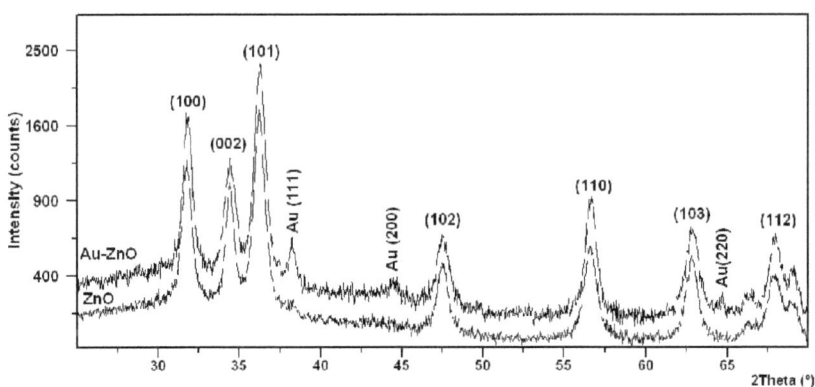

Figure 17. Diagrammes de diffraction X des nanoparticules de ZnO et de Au-ZnO préparées dans le 1,3 propanediol.

IV. Élaboration et caractérisations de nanoparticules hybrides Au-ZnO

IV.1.2. Analyse par microscopie électronique et spectrométrie par dispersion d'énergie X (EDX).

L'observation des particules Au-ZnO élaborées par microscopie TEM, montre que celles-ci sont constituées de particules quasi-sphériques et de taille nanométrique (Figure 18a-d). Les particules obtenues sont constituées d'un cœur métallique d'or entouré par des nanoparticules d'oxyde de zinc. Pour la majorité des particules Au-ZnO, le cœur d'or est de forme de diamètre compris entre 11 et 20 nm. Le cœur d'or est entouré de nanocristaux d'oxyde de zinc de taille moyenne de 5 nm arrangés d'une manière relativement compact.

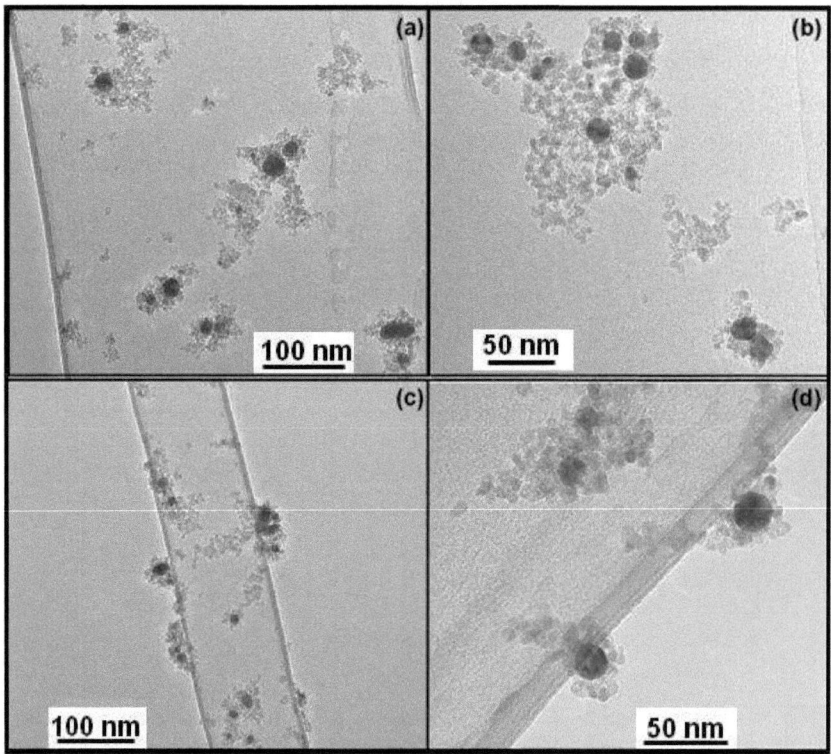

Figure 18. Images MET des particules hybrides Au-ZnO préparées en milieu polyol.

La poudre obtenue a été caractérisée par EDX. L'analyse spectrométrique de quelques particules (Figure 19) montre la présence des seuls éléments chimiques Au, Zn et O, ce qui confirme la pureté des nanoparticules élaborées.

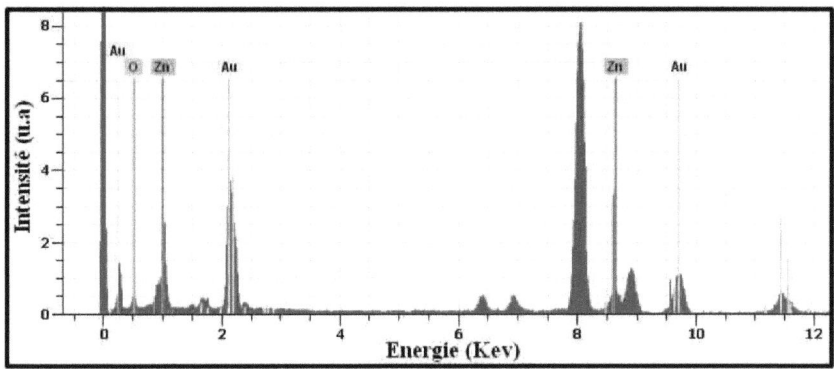

Figure 19. Spectre EDX des particules Au-ZnO préparées en milieu polyol.

A haute résolution, les images de microscopie HRTEM prises sur quelques particules Au-ZnO (Figure 20) confirment leur haut degré de cristallinité. Sur les différents clichés HRTEM, les plans réticulaires de l'oxyde de zinc se trouvent orientées selon la direction [0001]. En outre, on observe la présence de macles sur les NPs d'or.

Dans les particules ZnO, la distance inter-réticulaire, de l'ordre de 0,26 nm, correspond parfaitement à la distance $d_{(002)}$ de la phase ZnO wurzite [38]. Pour les nanoparticules d'or (cœur métallique), la distance inter-réticulaire mesurée est de l'ordre de 0,24 nm et correspond à la distance $d_{(111)}$ de la phase cubique de l'or métallique [36].

Les valeurs très proches des distances réticulaires des plans atomiques respectivement dans les particules ZnO (d_{002}= 0,26 nm) et de Au (d_{111}= 0,24 nm) pourraient faciliter la croissance épitaxiale des nanocristaux d'oxyde de zinc à la surface des NPs d'or.

IV. Élaboration et caractérisations de nanoparticules hybrides Au-ZnO

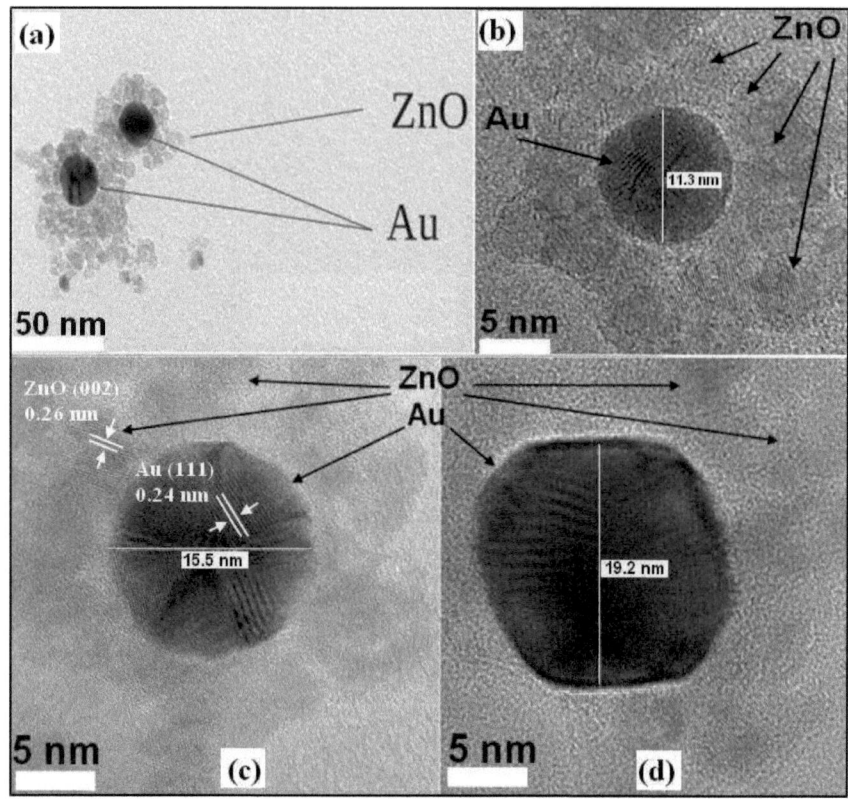

Figure 20. Images à haute résolution (HRTEM) prises sur quelques particules hybrides Au-ZnO préparées en milieu polyol.

IV.2. Mécanisme chimique de formation

La synthèse des NPs hybrides Au-ZnO en milieu polyol est basée sur la formation de NPs d'or en solution suivie d'une réaction de polycondensation (hydrolyse, nucléation et croissance) d'un hydroxyde de zinc ($Zn(OH)_2$) à la surface des NPs d'or préformées. Un mécanisme chimique détaillant le processus de formation des particules hybrides Au-ZnO dans le 1,3 propanediol est décrit ci dessous et schématisé dans la Figure 21.

Le mécanisme chimique comporte plusieurs étapes. Tout d'abord, les NPs d'or se forment en solution à une température voisine de 100 °C. La réduction des cations Au^{III} se fait par l'intermédiaire du ployol. La stabilité des NPs d'or à cette température est assurée par les molécules polyol greffées à la surface de l'or par des liaisons électrostériques.

IV. Élaboration et caractérisations de nanoparticules hybrides Au-ZnO

Par la suite, lorsque la température augmente (T~150°C), l'acétate de zinc commence à se décomposer à la surface des NPs d'or. Il se forme un hydroxyde de zinc ($Zn(OH)_2$) comme intermédiaire réactionnel via une réaction de surface entre le précurseur de zinc et le 1,3-propanediol adsorbé à la surface des NPs d'or (Figure 11) [42]. Cet intermédiaire réactionnel, à la surface des NPs d'or, peut agir comme site de nucléation pour faire croitre les particules de ZnO. La croissance des particules de ZnO est catalysée par la forte réactivité de la surface d'or. A 160°C, on observe une grande turbidité de la solution qui devient laiteuse, traduisant la formation des NPs d'oxyde de zinc à la surface des particules d'or. En effet, comme la nucléation hétérogène est plus favorable que la nucléation homogène [47], les cations Zn^{II} ont tendance à se condenser sur les germes d'oxyde ZnO déjà formés à la surface des NPs d'or.

D'autre part, la formation d'un hydroxyde de zinc ($Zn(OH)_2$) à la surface d'or, bloque la croissance des NPs d'or et empêche leur agglomération à cette température.

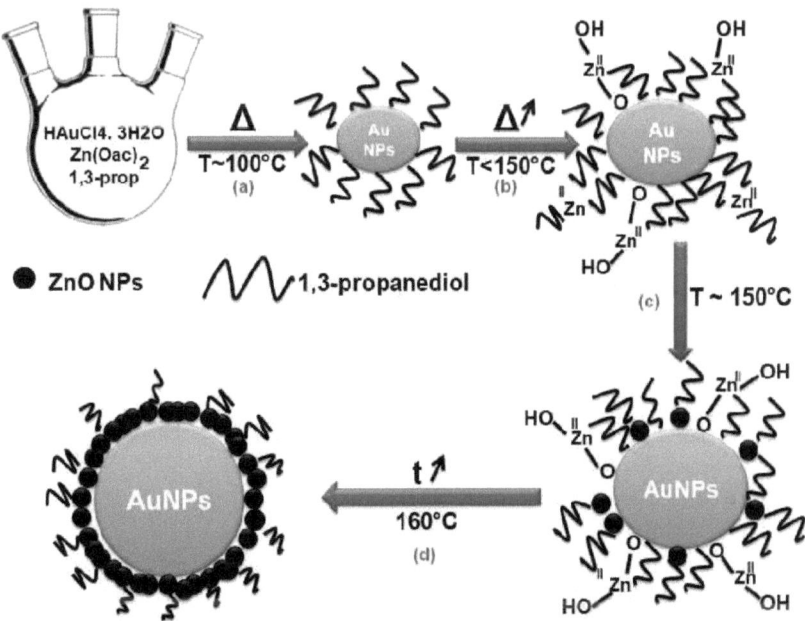

Figure 21. Schéma illustrant la formation des NPs hybride Au-ZnO dans le 1,3-propaediol : formation des NPs d'or dans le polyol (a), décomposition du précurseur de zinc à la surface des NPs d'or et formation d'un hydroxyde de zinc (b), nucléation et croissances des germes ZnO à la surface d'or (c) et formation des NPs hybride type Au-ZnO (d).

V. Propriétés optiques des nanoparticules hybrides Au-ZnO

V.1. Propriétés Plasmoniques

Le spectre d'absorption optique mesuré sur les nanoparticules Au-ZnO est présenté dans la figure 22. Le spectre des NPs d'or nues (25 nm de diamètre) est également tracé pour comparaison. Dans la même figure sont représentés les spectres simulés en utilisant la méthode "Discrete Dipole Approximation" (DDA) [48]. Le modèle prend en considération un cœur d'or entouré d'une coquille lisse régulière d'oxyde de zinc avec une épaisseur de 5 nm (soit une structure cœur-coquille parfaite). Le milieu environnant choisi est l'éthanol puisque les mesures sont effectuées sur des particules dispersées dans l'éthanol.

Le spectre d'absorption optique des particules hybrides Au-ZnO montre clairement la présence d'un pic de résonance plasmon de surface (RPS) autour de 563 nm, décalé vers rouge de plus de 23 nm par rapport à la RPS des NPs d'or nues de même taille. Ce décalage vers le rouge est bien connu [49] et est dû à l'augmentation de l'indice optique du milieu environnant. En effet, l'indice optique de ZnO (massique) est d'environ 2,1 beaucoup plus grand que celui de l'éthanol (1,36). Ce décalage vers le rouge est confirmé par les simulations DDA ; les spectres calculés pour des NPs d'or nues et pour des NPs cœur-coquille (Au@ZnO) sont en bon accord avec ceux mesurées. Toutefois, les RPS sont plus larges dans les spectres mesurés. Ceci peut être dû à la distribution de taille et de forme observées sur nos particules Au-ZnO. En outre, la couche irrégulière de ZnO à la surface des NPs d'or pourrait également influencer la forme et la position de la résonance plasmonique.

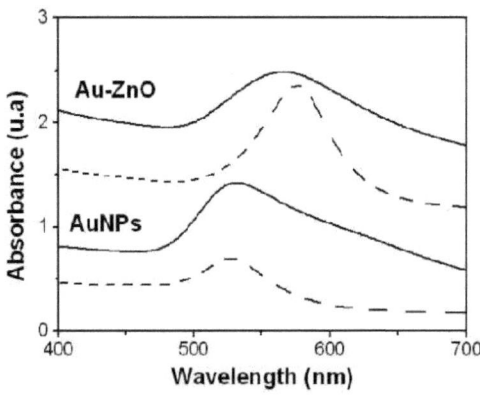

Figure 22. Réponse optique des NPs d'or nues et des NPs Au-ZnO dispersées dans l'éthanol. Spectres d'absorption mesurés (ligne continue) et spectres d'extinction calculés par DDA (ligne en pointillée).

V.2. Spectroscopie de diffusion Raman

Pour obtenir une information plus complète sur les propriétés structurales et la composition chimique de la couche d'oxyde entourant les NPs d'or, des mesures de diffusion Raman-UV ont été réalisées sur les NPs hybrides Au-ZnO élaborées.

Les spectres Raman ont été enregistrés à la température ambiante à l'aide d'un spectromètre de marque Horiba-Jobin-Yvon XY. Le faisceau d'excitation laser est focalisé sur l'échantillon à travers un objectif 50X d'un microscope confocal. La longueur d'onde d'excitation laser utilisée dans cette étude est de 363 nm en quasi-résonnante sur le gap des nanoparticules de ZnO (voir Figure 12).

L'échantillon est déposé sur un substrat de verre, des agrégats de particules sont ainsi formés, à partir desquels le signal Raman a été enregistré.

La figure 23 présente les spectres des nanoparticules hybrides Au-ZnO et ZnO (pris comme référence). Le pic Raman situé à 550 cm^{-1} est caractéristique de la phase ZnO würtzite ; il est dû au mode de vibration optique de symétrie $A_{1(LO)}$ [35]. On note aussi la présence d'un pic situé à 1100 cm^{-1} correspondant à la diffusion Raman du second ordre $2A_{1(LO)}$. En comparant les deux spectres Raman Au-ZnO et ZnO, on peut confirmer que la phase formée sur la surface des NPs d'or est bien la phase ZnO würtzite. Un tel résultat est en bon accord avec les mesures DRX enregistrées sur les particules Au-ZnO.

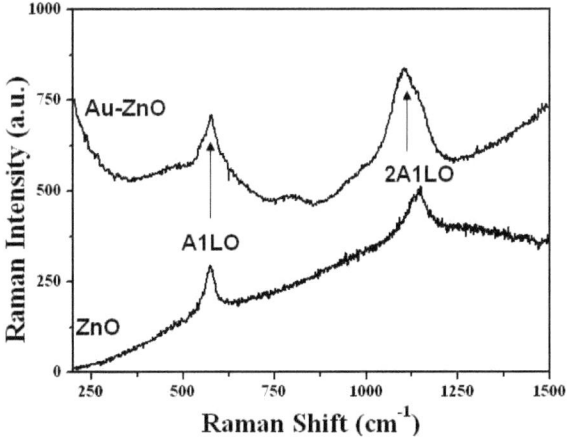

Figure 23. Spectres Raman des nanoparticules Au-ZnO et ZnO excitées à 363 nm et à température ambiante.

VI. Effet du rapport molaire Zn^{II}/Au^{III}

Afin d'étudier l'influence de la concentration du précurseur de zinc sur la composition chimique et la forme finale des nanoparticules Au-ZnO, nous avons réalisé une synthèse en milieu polyol en avec un rapport molaire Zn^{II}/Au^{III} 10 fois supérieur à celui utilisé précédemment. Les autres conditions expérimentales sont identiques. Les nanoparticules ainsi obtenues sont nommées Au-ZnOcc.

VI.1. Analyse par diffraction des rayons X (DRX)

La figure 24 présente les diagrammes de diffraction X des nanoparticules Au-ZnOcc et Au-ZnO. La comparaison des deux diffractogrammes montre que les raies caractéristiques de la phase ZnO würtzite sont présentes dans les deux cas, alors que l'intensité des pics caractéristiques de l'or métallique est très atténuée pour Au-ZnOcc. Ceci indique que la densité des nanoparticules ZnO à la surface des NPs d'or a augmenté dans le cas des particules Au-ZnOcc. On remarque aussi que la largeur des raies caractéristiques de la phase ZnO würtzite ne varie pratiquement pas traduisant ainsi la conservation de la taille des particules ZnO formées à la surface des NPs d'or malgré l'augmentation de la concentration en précurseurs du zinc en solution. Le cliché de diffraction des électrons (SAED) enregistré sur un aggregat Au-ZnOcc, présente des anneaux (Figure 24-d), indiquant ainsi qu'une particule Au-ZnOcc est formée d'un grand nombre de nanocristaux de ZnO orientés dans toutes les directions.

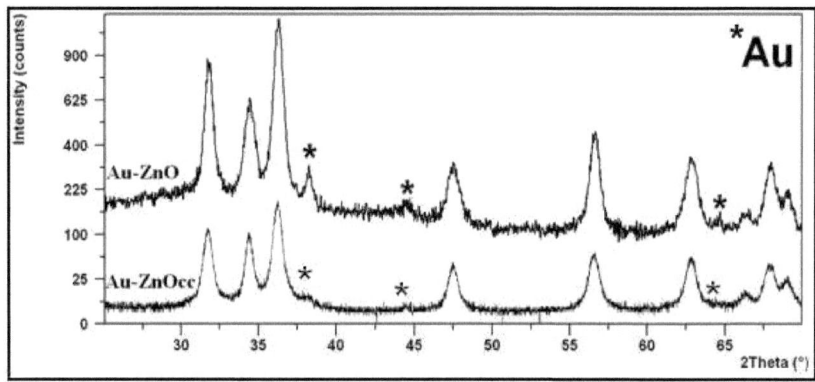

Figure 24. Diagrammes de diffraction X des particules Au-ZnO et Au-ZnOcc préparées dans le 1,3 propanediol avec différentes concentrations en acétate de zinc.

VI.2. Analyse par microscopie électronique en transmission et EDX

Les images MET enregistrées sur des particules Au-ZnOcc montrent la formation d'agrégats de particules Au-ZnO. Ces particules restent toujours de taille nanométrique (150 nm) et de forme quasi-sphérique (Figure 25a-c). On remarque aussi que les particules ZnO agrégées à la surface d'or conservent pratiquement la même taille (~5 nm). Par conséquence, l'augmentation du rapport molaire Zn^{II}/Au^{III} en solution, a peu d'influence sur la forme et la taille des particules ZnO. On remarque cependant que la densité de particules enrobant le cœur d'or augmente, en bon accord avec les les mesures DRX.

Le cliché de diffraction enregistré sur une particule Au-ZnOcc présente des anneaux (Figure 25-d). En effet, une particule Au-ZnOcc est formée d'un grand nombre de nanocristaux de ZnO orientés dans toutes les directions.

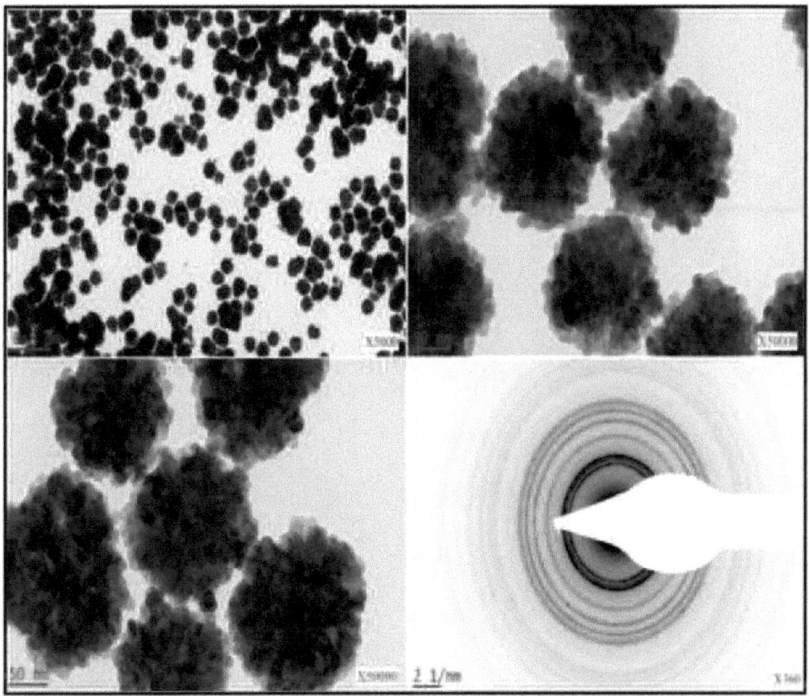

Figure 25. (a-c) Images TEM des particules Au-ZnOcc préparées en milieu polyol et (d) cliché de diifraction correspondant.

VII. Conclusion

Dans ce chapitre, nous avons préparé des NPs hybrides Au-ZnO par la méthode polyol en utilisant le 1,3-propanediol comme solvant, réducteur et surfactant. Un mécanisme chimique, détaillant le processus de formation de ces particules en milieu polyol, a été proposé.

L'intérêt de notre protocole de synthèse réside dans le fait que nous avons utilisé la stratégie "one pot" pour former les nanoparticules hybrides Au-ZnO avec le minimum possible de réactifs et sans recours à utiliser des ligands dans le mélange réactionnel. En effet, généralement la synthèse de nanoparticules hybrides Au-ZnO se fait en plusieurs étapes et nécessite l'utilisation de plusieurs réactifs ainsi que des agents stabilisants, ce qui risquerait d'inhiber les propriétés catalytiques du matériau final.

Nous avons montré que ces nanoparticules hybrides présentent une forte résonance plasmonique qui peut servir pour des applications optiques et surtout photocatalytiques. Des expériences de photodégradation de molécules organiques en présence des nanoparticules hybrides Au-ZnO élaborées, sont en cours. Ces expériences sont menées par l'équipe du Pr. Bassem Jamoussi de l'Institut Supérieur de l'Education et de la Formation Continue (ISEFC-Tunis).

VIII. Références bibliographiques

[1] Design of solution-grown ZnO nanostructures. Chapter book in "Lecture Notes on Nanoscale Science and Technology" volume 7, "Towards Functional Nanostructures", Z.M. Wang (Ed.), springer books (2008).
[2] M.L.Kahn, M.Monge, V.Collière, B.Chaudret, Adv. Func. Mater. 15 (2005) 458-468.
[3] B.Gao, X.Teng, S. Heo, Y. Li, S. Cho, G. Li, W. Gai, Thin solid films, 492 (2005) 61-65.
[4] Saji George, OE Suman Pokhrel, OE Tian Xia, acs nano, 4 (2010) 15–29.
[5] Jinhui Song, Nano Lett. 8 (2008) 203-297.
[6] M.C., Markham, K.J., Laidler, J. Phys. Chem. 57 (1953) 363-369.
[7] M.C., Markham, M.C., Hannan, S.W., Evans J. Am. Chem. Soc. 76 (1954) 820-823.
[8] Lingling Zhang, Yulong Ding, Progress in Natural Science 18 (2008) 939-944.
[9] J. Zhang, Y. Tang, K. Lee, M. Ouyang, Science 327 (2010) 1634-1638.
[10] J. Lee, E. Shevchenko, D. Talapin, J. Am.Chem. Soc. 130 (2008) 9673-9675.
[11] G. Menagen, J. Macdonald, Y. Shemesh, I. Popov, U. Banin, J. Am. Chem. Soc. 131 (2009) 17406-17411.
[12] J. Zeng, J. Huang, C. Liu, C. Wu, Y. Lin, X. Wang, S. Zhang, J. Hou, Y. Xia, Adv. Mater. 22 (2010) 1936-1940.
[13] V. Subramanian, E. Wolf, P. Kamat, J. Phys. Chem. B 107 (2003) 7479-7485.
[14] N. Zheng, G. Stucky, J. Am. Chem. Soc. 128 (2006) 14278–14280.
[15] J. Chiou, S. Ray, H. Tsai, C. Pao, F. Chien, W. Pong, M. Tsai, J. Wu, C. Tseng, C. Chen, J. Lee, J. Guo, Appl. Phys. Lett. 90 (2007) 192112-192114.
[16] Z. Seh, S. Liu, M. Low, S. Zhang, Z. Liu, A. Mlayah and M. Han, Adv. Mater. 24 (2012) 2310-2314.
[17] S. Choi, H. Na, Park et al. J. Am. Chem. Soc. 130 (2008) 15573-15580.
[18] Yu, T. Zeng, J. Lim, B. Xia, Adv. Mater. 22 (2010) 5188-5192.
[19] Bang, J. Kamat, ACS Nano 3 (2009) 1467-1476.
[20] Zhang, J. Tang, Y. Lee, K. Ouyang, Nature 466 (2010) 91-95.
[21] H. Gu, Z. Yang, J. Gao, B. Xu, J. Am. Chem. Soc. 127 (2005) 34-35.
[22] M. Jakob, H. Levanon, P. Kamat, Nano Lett. 3 (2003) 353-358.
[23] P. Li, Z. Wei, T. Wu, Q. Peng and Y. Li, J. Am. Chem. Soc. 133 (2011) 5660-5663.
[24] G. Shan, M. Zhong, S. Wang, Y. Li, Y. Liu, J. Colloid Interface Sci. 326 (2008) 392-395.
[25] Y. Liu, M. Zhong, G. Shan, Y. Li, B. Huang, G. Yang, J. Phys. Chem. B 112 (2008) 6484-6489.
[26] M. Lee, T. Kim, W. Kim, Y. Sung, J. Phys. Chem C 112 (2008) 10079-10082.

[27] Q. Wang, B. Geng, S. Wang, Environ. Sci. Technol. 438 (2009) 968-973.
[28] L. Sun, D. Zhao, M. Ding, H. Zhao, Z. Zhang, B. Li, D. Shen, Appl. Surf. Sci. 258 (2012) 7813-7819.
[29] X. Liu, J. Zhang, L. Wang, T. Yang, X. Guo, S. Wu and S. Wang, J. Mater. Chem. 21 (2011) 349-356.
[30] A. Dong, J. Chen, P. Vora, J. Kikkawa, C. Murray. Nature 466 (2010) 474-477.
[31] K. Cham-Fai Leung, S. Xuan, X. Zhu, D. Wang, C. Chak, S. Fung Lee, W. Hob and B. Chung, Chem. Soc. Rev. 41 (2012) 1911–1928.
[32] R. Chaudhuri and S. Paria, Chem. Rev. 112 (2012) 2373–2433.
[33] X. Wang, K. Xianggui, Y. Yi, and H. Zhang, J. Phys. Chem. C 111 (2007) 3836-3841.
[34] X. Liu, J. Zhang, X. Guo, S. Wu and S. Wang, Nanoscale 2 (2010) 1178-1184.
[35] I. Jisun, J. Singh, J. Soares, D. Steeves and J. Whitten, J. Phys. Chem. C 115 (2011) 10518-10523.
[36] Wei-Qing Zhang, Yang Lu, Tie-Kai Zhang, Weiping Xu, Meng Zhang, and Shu-Hong Yu, J. Phys. Chem. C 112 (2008) 19872–19877.
[37] X. Zhao, Y. Wu, X. Hao, Int. J. Electrochem. Sci., 8 (2013) 3349- 3356.
[38] A. Mezni, F. Kouki, S. Romdhane, B. Warot-Fonrose, S. Joulié, A. Mlayah and L.S. Smiri, Mater. Lett. 86 (2012) 153-156.
[39] A. Dakhlaoui, L. Smiri, N. Jouini, J. Cryst. Growth 311 (2009) 3989-3996.
[40] I. Balti, A. Mezni, A. Dakhlaoui-Omrani, P. Léone, B. Viana, O. Brinza, L. Smiri and N. Jouini, J. Phys. Chem. C 115 (2011) 15758–15766.
[41] Ding Yong, Lin Wang Zhong, J Electron Microsc 54 (2005) 287–291.
[42] Kushal D, Bhanage Bhalchandra M, Mater Lett 69 (2012) 66–68.
[43] Xiong Yujie, Washio Isao, Li Zhi-Yuan, Xia Younan, Langmuir 22 (2006) 8563–8570.
[44] D. Tainoff, B. Masenelli, O. Boisron, G. Guiraud et P. Melinon, J. Phys. Chem. C 112 (2008) 12623–12627.
[45] M. Wang, S.H. Hahn, C. Park, K. Koo, Mater. Lett. 61 (2007) 4094–4096.
[46] P. Kumbhakar, D. Singh, A.K. Mitra, Chalcogenide Lett. 5 (2008) 387–394.
[47] F. Fievet, J.P. Lagier, B. Blin, D. Kima, Solid State Ionics 32/33 (1989) 198-205.
[48] B.T. Draine1 and P.J. Flatau, J. Opt. Soc. Am. A 11 (1994) 1491-1499.
[49] Y. Liu, M. Zhong, G. Shan, Y. Li, B. Huang and G. Yang, J. Phys. Chem. B 112 (2008) 6484-6489.

CONCLUSION GENERALE ET PERSPECTIVES

Conclusion générale et perspectives

Ce travail de thèse a été réalisé dans le cadre d'un accord de cotutelle entre l'Université Paul Sabatier de Toulouse et la Faculté des Sciences de Bizerte. Les travaux de recherche ont été menés au Centre d'Elaboration de Matériaux et d'Etudes Structurales du CNRS, côté Français et au sein de l'unité de recherche Synthèse et Structure de Nanomatériaux, côté Tunisien. Ils ont bénéficié aussi de collaborations avec le Laboratoire des Sciences des Procédés et Matériaux de l'Université Paris 13 et le Laboratoire de Physique Appliquée de l'Université de Sfax. L'objectif visé était la synthèse de nanoparticules d'or et de nanoparticules hybrides à visées thérapeutiques en oncologie.

La phase de synthèse et de maitrise des conditions de croissance, afin d'obtenir des nanoparticules de taille et de forme contrôlées, était fondamentale. S'en est suivie ensuite, et souvent en parallèle, une phase de caractérisation et d'étude des propriétés optiques des nanoparticules. Les nanoparticules d'or et hybrides Au-Fe_3O_4 et Au-ZnO obtenues sont caractérisées par des résonances plasmoniques marquées, ce qui en fait d'excellents candidats pour les applications en hyperthermie optique et en photo-catalyse. Les premières mesures d'hyperthermie réalisées sur des dépôts de nanoparticules en témoignent. Les nanoparticules hybrides Au-Fe_3O_4 présentent l'avantage d'allier les propriétés optiques du cœur métallique aux propriétés magnétiques des nanoparticules de magnétite Fe_3O_4, ce qui en font de très bons candidats pour la combinaison de l'hyperthermie optique et de l'hyperthermie magnétique. Par sa forte absorption dans l'UV, le ZnO, comme le TiO_2, est un bon matériau photo-catalytique. Sa faible absorption dans le visible est compensée par l'association au métal dans différentes structures (coeur-coquille, Janus,...etc). Le métal apportant l'absorption plasmonique dans une gamme qui s'étale du visible jusqu'au proche infrarouge. Cette propriété photo-catalytique est intéressante pour des visées thérapeutiques également. En effet, on peut imaginer provoquer l'apoptose et la nécrose de cellules tumorales en utilisant à la fois l'hyperthermie optique, due au métal, et les réactions de photo-dégradation de la membrane cellulaire qui peuvent avoir lieu à la surface du ZnO.

Dans ce travail de thèse nous avons privilégié une voie de synthèse simple basée sur l'approche "one pot". Elle a l'avantage de présenter peu d'étapes, d'utiliser peu de réactifs, donc peu couteuse, et de tirer profit du solvant en lui faisant jouer un rôle actif dans la croissance de nanoparticules.

Une partie importante du travail de recherche a été consacrée à la caractérisation structurale et chimique des nanoparticules par des techniques aussi variées que la diffraction et la spectroscopie des rayons X, la microscopie électronique en transmission et à haute résolution et la spectroscopie de perte d'énergie d'électrons. Ces techniques sont

Conclusion générale et perspectives

indispensables pour le suivi des résultats des synthèses chimiques et leurs ajustements éventuels.

Les propriétés optiques ont été étudiées par spectroscopie d'absorption dans le domaine du visible. L'interprétation des données spectroscopiques a été souvent appuyée par la modélisation des propriétés de résonance plasmonique par une approche basée sur la méthode DDA (Discrete Dipole Approximation). Cette méthode numérique de résolution des équations de Maxwell, en milieu confiné, nous a permis de comprendre les spectres d'absorption optique et leurs évolutions en fonction de la taille et de la forme des nanoparticules (sphères, triangles) et en fonction de leur structure (coeur-coquille Au-ZnO et Au-Fe_3O_4). Elle nous a également permis de modéliser le champ électromagnétique au voisinage proche des nanoparticules ce qui a été très utile pour la compréhension des effets de résonance plasmonique dans le phénomène de diffusion Raman exaltée de Surface (SERS).

Sur les nanotriangles d'or nous avons réalisé des mesures SERS en prenant soin de sélectionner des nano-objets uniques à la limite de la résolution spatiale de notre dispositif expérimental. Nous avons rapporté et étudié les fluctuations temporelles du signal SERS. L'analyse de ce signal est très difficile compte tenu du nombre important de raies Raman présentes (associées au PVP et au TREG) et de leurs fluctuations soudaines aussi bien en fréquence qu'en intensité. Les mesures sur 13 nano-objets isolés nous ont permis de dégager des "constantes" c'est à dire des raies systématiquement présentes dans les spectres. Grâce aux calculs de dynamique vibrationnelle menés par DFT (Density Functional Theory) nous avons pu les identifier en tant que vibrations d'élongation/contraction de la liaison CO du PVP et du TREG. A travers leurs traces temporelles SERS nous avons pu observer quelques séquences de dissociation des molécules de PVP de la surface d'or. Une analyse quantitative de ces traces par la fonction d'autocorrélation et sa transformée de Fourier a montré que ces phénomènes d'interaction molécules-nanoparticule ne sont pas aléatoires comme on pourrait s'y attendre pour des processus thermo-induits.

Les mesures SERS réalisées sur les nanoparticules hybrides Au-Fe_3O_4 nous ont permis de déterminer la structure fine des nanoparticules de Fe_3O_4 autour du cœur métallique. En effet, grâce au suivi des traces temporelles du signal SERS nous avons pu distinguer les raies Raman dues aux molécules organiques de celles provenant des nanoparticules de Fe_3O_4 elles mêmes. Ainsi, en plus du signal de la magnétite nous avons observé la signature de la lépidocrocite FeOOH à la surface des nanoparticules de Fe_3O_4.

Dans ces nanoparticules hybrides Au-Fe_3O_4, le cœur métallique apporte une résonance plasmonique aigüe. De ce fait il absorbe efficacement la lumière et la convertit en chaleur. Il agit alors comme une nano-source de chaleur. Nous avons observé et étudié la transition de phase structurale de la magnétite en hématite que subissent les nanoparticules de Fe_3O_4. Cette transition de phase est photo-thermo-induite. Nous avons proposé un mécanisme dans lequel la transition de phase est nuclée au niveau de la couche superficielle de lépidocrocite.

Comme perspective de ce travail, une ouverture vers la mise en œuvre des nanoparticules, que nous avons synthétisées, dans des expériences de destruction de tumeur par hyperthermie optique peut être envisagée à court terme. Pour cela, le couplage avec des équipes de biologistes et de médecins est indispensable. Cette approche multi-disciplinaire est riche et peut aboutir rapidement à la proposition de protocoles de traitements en oncologie. En termes de synthèse chimique, outre la poursuite des efforts de contrôle de la taille et de la forme des nano-objets et leur diversification, la fonctionnalisation des nanoparticules par des anticorps capables de cibler certains marqueurs chimiques des cellules cancéreuses reste un défi. En termes d'investigation et de compréhension des interactions molécules-nanoparticule, les fluctuations temporelles du signal Raman SERS, sur nano-objet unique, fournissent un outil de choix. Ce signal reste difficile à maitriser et à analyser. Néanmoins, l'approche statistique (plusieurs nano-objets sondés) alliée à une analyse quantitative par la fonction d'autocorrélation et sa transformée de Fourier devrait permettre d'appréhender la nature (aléatoire, périodique) des phénomènes mis en jeu. Il faut souligner que la modélisation du signal Raman SERS lui même reste aujourd'hui un défi majeur. Une approche DFT-DDA permettrait de coupler une modélisation réaliste de la dynamique de vibration à une modélisation précise et éprouvée du champ proche optique associé aux résonances plasmoniques.

Annexe 1

Procédé Polyol

A1. Hydrolyse forcée en milieu polyol

La synthèse de nanoparticules de tailles et de formes bien contrôlées nécessite bien souvent le recours à des méthodes spécifiques par lesquelles il est possible de maîtriser le processus de nucléation et croissance des particules. Parmi ces méthodes, la méthode polyol occupe une place de choix. Cette méthode, en relation avec ses conditions opératoires proches des conditions hydrothermales (chauffage à reflux) et des propriétés intrinsèques des molécules de solvant (pouvoir complexant) permet à la fois d'obtenir des particules de grande qualité cristalline et assez homogènes en taille et en forme. Il s'agit d'une méthode alternative au procédé sol-gel, où l'hydrolyse de sels métalliques est conduite dans un solvant alcool le polyol.

A2. Généralités sur les polyols

A2.1. Solvants polaires

Les polyols sont des solvants polaires. Le moment dipolaire de l'éthane diol en phase gazeuse est de 2,28 D, est supérieur à celui de l'eau (1,85D) et de l'éthanol (1,65 D).

En phase liquide, la constante diélectrique ε de l'éthane diol est de 38, elle est supérieure à celle de l'éthanol qui vaut 24, mais évidemment nettement inférieure à celle de l'eau 78,5. Les polyols sont donc susceptibles de dissoudre au moins partiellement de nombreux composés métalliques utilisés comme précurseurs. Les caractéristiques de ces solvants sont résumées ci-dessous :

Tableau A1. Principales caractéristiques physico-chimiques de quelques polyols comparées à celles de l'eau et de l'éthanol [1,2].

Solvant	eau	EG	PG	DEG	TEG	éthanol
ε_r	78,50	38,99	32,0	30,03	19,35	24,30
μ (D)	1,85	2,28	-	2,31	-	1,66
T_{eb} (°C)	100	198	189	245	325	36

Les polyols sont aussi des solvants protiques. Les protons des fonctions alcools dans les α-diols sont des acides très faibles mais moins faibles que les monoalcools car leur forme basique est stabilisée par l'effet inductif attracteur des deux fonctions alcool en α. Le couple $CH_2OH-CH_2-OH/CH_2OH-CH_2O^-$ a un pKa de 14 alors qu'il est de 16 pour le couple éthanol/éthanolate [3].

Annexe 1 - Procédé Polyol

Comme le montrent les valeurs relevées dans le tableau A1, les polyols présentent des températures d'ébullition élevées permettant de réaliser des réactions dans un large domaine de température à la pression atmosphérique.

A2.2. Agents complexants

Les polyols agissent aussi comme ligands avec la plupart des cations métalliques. D'une manière générale, les alcools sont des ligands labiles. Toutefois, l'effet chélate résultant de la position en α de deux fonctions alcool favorise la formation de complexes stables avec les polyols. Ces composés sont généralement solubles mais dans certains cas il est possible d'obtenir des composés cristallisés. Ainsi, des alcoolates $M(OR)_n$, où ROH est un alcool simple, mis en solution dans un polyol, échangent facilement leur groupement OR pour donner des glycolates ou des alcoxy-glycolates selon le schéma réactionnel représenté ci-dessous (Figure A1) :

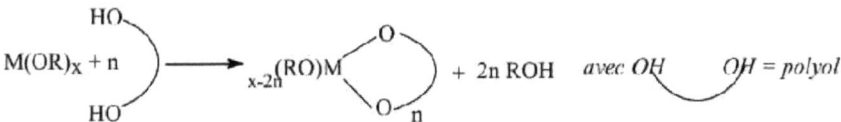

Figure A1. Substitution de deux groupements alcoolates simples par des groupements glycolate chélate [4].

Grün et *Coll*. [5], ainsi que Knetch et *Coll*. [6] ont préparé et caractérisé des complexes de formule $M(EG)X_2$ où M = Zn, Co, Ni etc. et X = Br, Cl, dans lesquels l'étyhlèneglycol semble agir en tant que ligand monodente ou bidentate. Des sels d'acétate de zinc ou de cadmium mis en solution dans l'EG à température ambiante forment des cristaux polynucléaires après murissement et croissance cristalline par évaporation lente de solvant où les cations Zn^{2+} sont coordonnés, voire pontés, à la fois par des ions acétates et par des ethylèneglycolates [7].

A2.3. Agents réducteurs

Le pouvoir réducteur des polyols est incontestablement leur propriété la plus utilisée pour la synthèse des métaux finement divisés. C'est en effet à partir de cette propriété que le procédé dit polyol a été mis au point pour l'obtention d'un grand nombre de métaux à partir de leurs sels. On peut grossièrement résumer les principales étapes comme ceci : dissolution du sel précurseur dans le polyol, réduction des espèces dissoutes et germination et croissance des particules.

Il est à noter que les produits d'oxydation du polyol diffèrent en fonction du pouvoir oxydant des cations mis en jeu. Deux mécanismes d'oxydation du polyol sont observés :

(i) l'oxydation ménagée, principalement observée lorsque le sel métallique est facilement réductible (Ag^+, Au^{3+}, Pd^{2+} etc.) et a lieu à relativement basse température [8,9]. Elle correspond à l'oxydation classique d'une fonction alcool primaire en aldéhyde puis en acide carboxylique. Dans le cas de l'EG [10] les produits d'oxydation obtenus sont représentés dans le schéma ci-dessous (Figure A2) :

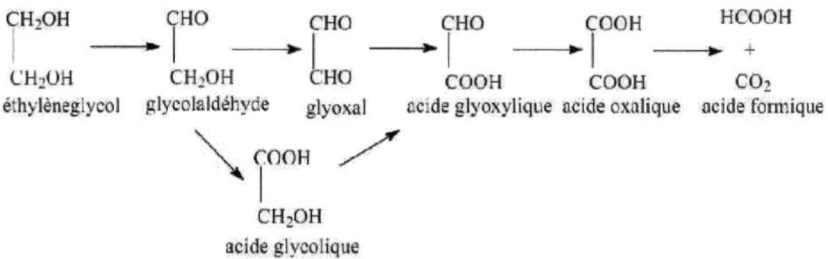

Figure A2. Produits de l'oxydation ménagée de l'éthylèneglycol [4].

(ii) L'oxydation poussée, principalement observée pour les sels qui sont moins facilement réductibles Ni^{2+}, Co^{2+}, etc. et pour lesquels il est nécessaire de travailler à des températures plus élevées. De cette manière, la déshydratation du polyol est favorisée et le mécanisme principal de réduction, dans le cas de l'EG tout au moins, met en jeu le couplage de l'acétaldéhyde (produit par la déshydratation intramoléculaire de l'EG) en diacétyle [5] : (Figure A3).

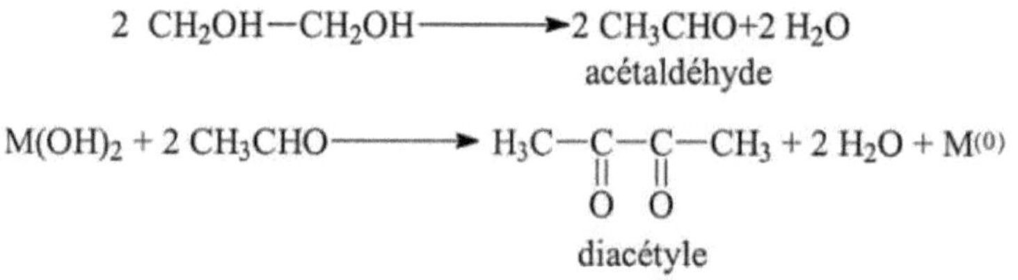

$$2\ CH_2OH-CH_2OH \longrightarrow 2\ CH_3CHO + 2\ H_2O$$
$$\text{acétaldéhyde}$$

$$M(OH)_2 + 2\ CH_3CHO \longrightarrow H_3C-\underset{O}{\underset{\|}{C}}-\underset{O}{\underset{\|}{C}}-CH_3 + 2\ H_2O + M^{(0)}$$
$$\text{diacétyle}$$

Figure A3. Mécanisme de réduction de l'hydroxyde de cobalt et de nickel [4].

A3. Nucléation et croissance des particules d'oxyde en milieu polyol

La méthode d'hydrolyse forcée en milieu polyol permet la préparation de particules monodisperses d'oxydes. La précipitation des particules passe soit par la formation et la dissolution d'une phase intermédiaire, soit par la germination directe de l'oxyde dans la solution.

Pour que les solides formés à partir d'une phase liquide soient constitués de particules homogènes en taille et en forme, il est communément admis que les étapes de nucléation et de croissance soient séparées. Le modèle de LaMer (Figure A4), établi pour expliquer la formation de colloïdes de soufre monodisperses obtenus par dismutation du thiosulfate de sodium en milieu acide chlorhydrique, illustre parfaitement cela [11]. Au fur et à mesure de la dissolution du précurseur solide dans la phase liquide, c'est à dire de la formation du monomère, la concentration de ce dernier augmente et atteint tout d'abord la concentration à saturation. Dans une solution sursaturée, la nucléation n'intervient qu'à partir d'une concentration critique de saturation en monomère : c'est la période d'induction (Figure A4 zone I). Quand cette concentration critique est atteinte, la nucléation spontané a lieu (Figure A4 zone II). Si un grand nombre de germes est formé rapidement, alors la concentration en monomère décroît et se trouve ainsi ramenée en dessous de la concentration critique. Par conséquent, la formation de germes supplémentaires est bloquée, tandis que la croissance des germes se poursuit tant que la concentration en monomère reste supérieure à la concentration de saturation : c'est l'étape de croissance par diffusion (Figure A4 zone III).

En milieu polyol, lorsque la phase intermédiaire est formée, généralement un hydroxyde ou un oxohydroxyde lamellaire, celle-ci sert de réservoir à cations. Sa cinétique de dissolution contrôle la concentration des cations en solution et donc la cinétique de nucléation des particules. Les germes se forment alors dans une période de nucléation très courte qui intervient lorsque la solution est en sursaturation puis croissent dans la solution saturée. Deux mécanismes de croissances sont alors possibles (Figure A5). Un mécanisme régi par la diffusion et l'addition successive d'entités monomères en solution vers les germes, conduisant à la formation de particules primaires, généralement monocristallines, de taille nanométrique (Figure A5-a). Le second mécanisme est régi par l'agrégation de ces particules primaires conduisant à la formation de particules secondaires, polycristallines, de taille submicronique voir micronique (Figure A5-b).

Cette séparation complète des étapes de nucléation et de croissance des particules correspond aux conditions basées sur le modèle de LaMer, de formation d'un solide monodisperse par précipitation en solution [12,13].

Annexe 1 - Procédé Polyol

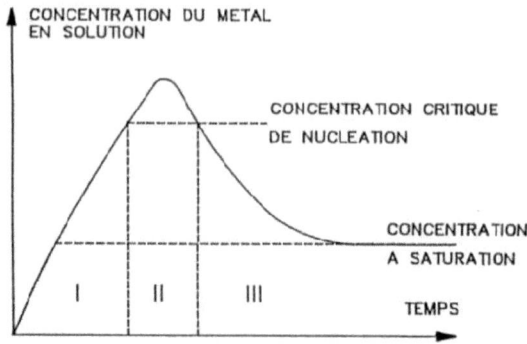

Figure A4. Digramme de LaMer, conditions d'obtention d'un solide monodisperse à partir d'une phase liquide : (I) période d'induction ; (II) nucléation spontanée ; (III) croissance des particules [4].

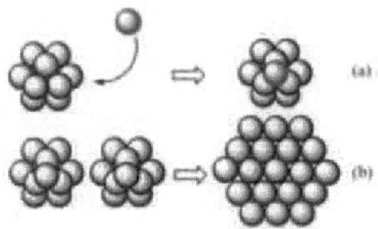

Figure A5. Mécanisme de croissance de nanoparticules

L'état d'agrégation des particules va dépendre de la nature des espèces organiques adsorbées à leur surface. Une étude par analyse thermogravimétrique couplée à la spectrométrie de masse d'une part et par spectroscopie IR résolue en température d'autre part menées sur des particules d'oxydes mixtes $Zn_{1-x}Co_xO$ préparées dans le diéthylèneglycol ont montré que des ions acétates et des molécules de polyol sont toujours chimisorbées à la surface des particules [14]. En solution, ces espèces peuvent en tout état de cause gêner l'agglomération des particules, surtout si leur rayon de van der Waals est important. En d'autres termes, lorsque le solvant de synthèse correspond à une molécule plutôt longue ou ramifiée telle que la molécule de diéthylèneglycol ou de 1,2-propanediol, la répulsion stérique entre espèces adsorbées empêche l'agrégation des particules permettant ainsi au mécanisme de croissance par diffusion d'être prédominant. Au contraire, si son rayon de van der Waals

Annexe 1 - Procédé Polyol

est faible, telle que la molécule d'éthylèneglycol par exemple, c'est le mécanisme de croissance par agrégation qui prédomine.

Lorsque la précipitation de la phase oxyde se produit directement à partir de la solution, la germination se produit de façon spontanée. Les étapes de germination et de croissance ne sont plus séparées comme le voudrait le modèle de La Mer pour aboutir à des particules monodisperses. Dans le cadre d'un mécanisme de croissance par diffusion, la taille des particules obtenues va dépendre de la quantité de germes formés. Pour une concentration donnée en cations métalliques plus le nombre de germes est grand plus la taille finale des particules est petite. Par ailleurs, Den Ouden et Thompson [15] ont établi, grâce à des calculs théoriques, que la séparation entre les étapes de nucléation et de croissance n'est pas une condition nécessaire pour obtenir des particules monodisperses. En effet, c'est pendant l'étape de nucléation que le potentiel de croissance est le plus élevé, en raison des valeurs importantes de la concentration en soluté. La nucléation de nouveaux germes, au moment où les premiers ont déjà entamé leur croissance, n'engendre pas forcément une population de particules avec une large distribution de tailles quand la croissance est contrôlée par la diffusion des monomères. Dans ce cas, la vitesse de croissance des particules dépend de leur taille : plus elles sont fines plus leur croissance est rapide. La distribution en taille des particules diminue avec le temps et la taille finit par s'homogénéiser comme l'illustre la figure ci-dessous (Figure A6) :

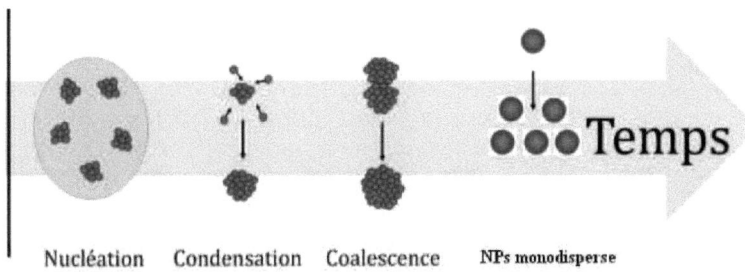

Figure A6. Mécanismes impliqués dans la formation de nanoparticules en milieu liquide.

Si rien n'empêche l'agrégation des particules ainsi formées, le mécanisme de croissance par agrégation, peut se produire. Les particules récupérées alors après centrifugation sont de plus grand diamètre, généralement sub-micrométrique ou micrométrique, et polycristallines.

A4. Références bibliographiques

[1] G. Mamantov, A.I Popov, Chemistry of nonaqueous solutions: Current progress , VCH, New York (1994).

[2] C.M. Kinart, A.Cwiklinska, M. Maj, W.J. Kinart, Fluid Phase Equilibria, 262 (2007) 244.

[3] J. March, Advanced Organic Chemistry: Reactions, Mechanisms and structures, J. Wiley & sons, New York (1985).

[4] L. Poul, Thèse de doctorat en Chimie Inorganique, Université Paris 6, France (2000).

[5] A. Grün, E. Boedecker, Ber. 43 (1910) 1051.

[6] D. Knetsch, W.L. Groeneveld, Inorg. Chim. Acta 7 (1973) 81.

[7] J.P. Jolivet, De la solution à l'oxyde condensation des cations en solution aqueuse-Chimie de surface des oxydes; Interéditions / CNRS éditions, Paris France (1994).

[8] P. Y. Silvert, K. Tekaia-Elhsissen, Solid State Ionics 82 (1995) 53.

[9] B. Blin, F. Fiévet, D. Beaupère, M. Figlartz, New J. Chem. 13 (1989) 67.

[10] A. Grün, F. Bockisch, Ber. 41 (1908) 3465.

[11] V.K. LaMer, R.H. Dinegar, J. Am. Chem. Soc. 72 (1950) 4847.

[12] T. Sugimoto, Adv. Colloid Interface. Sci. 28 (1987) 65.

[13] M. Haruta, B. Delmon, J. Chem. Phys. 83 (1988) 859.

[14] R. Boubekri, Master Surface Interface Matériaux Fonctionnels, Université Paris 13, France (2007).

[15] C. J. J. Den Ouden, R. W. Thompson, J. Colloïd Interface Sci. 143 (1991) 77.

Annexe 2
Approximation dipolaire discrète
(DDA)

A1. Description de l'approximation dipolaire discrète

L'approximation dipolaire discrète (Discrete Dipole Approximation, ou DDA, en anglais) [3], ou méthode des dipôles couplés, consiste à discrétiser un objet diffusant en un ensemble de *N* dipôles électriques rayonnants excités d'une part par l'onde électromagnétique incidente et d'autre part par la présence des *N-1* dipôles voisins (Figure A1). Elle permet de traiter des particules dont la taille est du même ordre de grandeur que la longueur d'onde du rayonnement incident

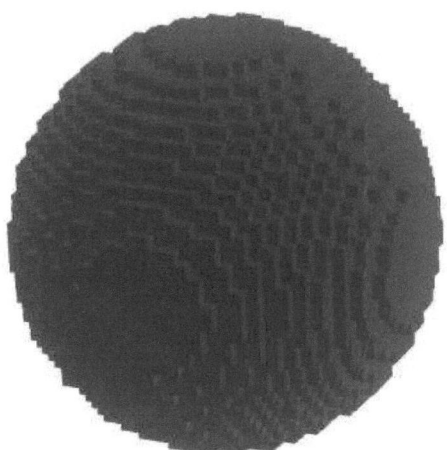

Figure A1. Exemple de discrétisation d'une particule sphérique en un ensemble de 18656 dipôles placés aux sommets d'un réseau cubique.

A2. Principe et équations de l'approximation dipolaire discrète

L'avantage de cette méthode de calcul réside dans son applicabilité à des diffuseurs de formes quelconques. A chaque dipôle **j** positionné en r_j est associée une polarisabilité α_j, fonction du matériau (α est en effet fonction de la permittivité diélectrique relative ε) d'une part et du volume associé au dipôle d'autre part. Le moment dipolaire du dipôle **j**, P_j, s'exprime comme étant le produit de la polarisabilité α_j et du champ électrique $E_{loc,j}$ régnant en **j** :

$$P_j = \alpha_j E_{loc,j}$$

où $E_{loc,j}$ se compose du champ électrique incident $E_{inc,j}$ et des contributions des *N-1* dipôles voisins de **j** :

Annexe 2 - Approximation dipolaire discrète (DDA)

$$E_{loc,j} = E_{inc,j} + \sum_{k \neq j} E_{k,j}$$

Le champ $E_{k,j}$ produit par le dipôle k en j étant un opérateur linéaire de P_k, les équations (1) et (2) se réécrivent sous la forme d'un système linéaire complexe de taille $3N$ dont les inconnues sont les moments dipolaires P_j. Ce système linéaire complexe est résolu numériquement en utilisant un algorithme de type gradient conjugué. Une fois les moments dipolaires déterminés, on peut calculer pour une polarisation donnée les sections efficaces d'extinction, de diffusion et d'absorption :

$$C_{ext} = \frac{k}{\varepsilon_0 E_0^2} \sum_{j=1}^{N} \text{Im}\{E_j^* \cdot \alpha_j P_j\}$$

$$C_{sca} = \frac{k^4}{(4\pi\varepsilon_0)^2 E_0^2} \int_{4\pi} \sum_{j=1}^{N} \left\| n \times P_j \exp(-ik\, n \cdot r_j) \right\|^2 d\Omega$$

$$C_{abs} = \frac{k}{\varepsilon_0 E_0^2} \left(\text{Im}(\alpha^{-1}) - \frac{k^3}{6\pi\varepsilon_0} \right) \sum_{j=1}^{N} P_j \cdot P_j^*$$

Pour un rayonnement incident non polarisé, les sections efficaces sont les moyennes arithmétiques des sections efficaces obtenues pour deux polarisations orthogonales.

A3. Domaine de validité de l'approximation dipolaire discrète

L'approximation dipolaire discrète repose sur la discrétisation d'un diffuseur en éléments de volume suffisamment petits pour qu'ils puissent être assimilés à des dipôles. Ceci est vrai si et seulement si tous les points de l'élément de volume sont excités avec la même amplitude et la même phase par le rayonnement incident. En plus de ces deux conditions, Draine [2] recommande l'utilisation d'une taille caractéristique des éléments de volume a qui soit suffisamment petite pour que la géométrie du diffuseur soit correctement décrite.

Afin de vérifier toutes ces conditions, Draine [3] propose le critère suivant :

$$|m_\lambda|\, ka \leq 1$$

Cette relation impose un nombre minimal de dipôles afin que les résultats puissent être considérés comme fiables.

$$|m_\lambda|\, ka \leq 0.5$$

A4. Expression de la polarisabilité issue du coefficient a_1 de la série de Mie

En ce qui concerne le choix du modèle de polarisabilité, il n'est pas unique. Essentiellement, on distingue deux types de modèles dans la littérature : la relation de Clausius-Mossotti (et les différents modèles dérivés) d'une part, et la relation dérivée du premier terme de la série de Mie d'autre part.

La limitation essentielle de la relation de Clausius-Mossotti est qu'elle n'est rigoureusement exacte que lorsque le produit **ka** tend vers 0 ; la dimension caractéristique du volume élémentaire doit donc être infiniment petite devant la longueur d'onde. Afin d'étendre la validité de la relation de Clausius-Mossotti au cas où le produit **ka** est fini, plusieurs auteurs ont ajouté des termes de correction : on citera par exemple [1,2,5].

Parallèlement à ces travaux dont le but était d'améliorer la précision de la méthode pour des diffuseurs de formes quelconques, d'autres auteurs [6-9] se sont concentrés sur l'application de l'approximation dipolaire discrète à des agrégats de particules sphériques. La polarisabilité qu'ils utilisent dans ce cas est dérivée du premier terme de la série de Mie, a_1 :

$$\alpha = i \, 6 \, \pi \, \varepsilon_0 \, \frac{a_1}{k^3}$$

Cette formulation de la polarisabilité a été démontrée comme étant la plus fiable lorsque chaque particule n'est discrétisée que par un seul dipôle [8,9]. Lorsque cette formulation est utilisée, les calculs peuvent être exécutés sur des agrégats de sphères dont le paramètre de taille global avoisine 100 et dont le paramètre de taille de chaque sphère est proche de 1.

A5. Précision de l'approximation dipolaire discrète

L'approximation dipolaire discrète est une méthode performante en termes de précision des résultats tant que les dipôles sont associés à des éléments de volume suffisamment petits. En effet, si on discrétise un diffuseur de forme quelconque en éléments de volume de taille caractéristique a telle que les critères ($|m_\lambda|\, ka \leq 1$) émis par Draine et Flatau [3] sont respectés, alors les erreurs obtenues en termes de sections efficaces ou de fonction de phase sont inférieures à 5%.

A6. Références bibliographiques

[1] B. T. Draine et J. Goodman, Beyond Clausius-Mosotti : wave propagation on a polarizable point lattice and the discrete-dipole approximation, The Astrophysical Journal 405 (1993) 685.

[2] B. T. Draine, The discrete-dipole approximation a nd its application to interstellar graphite grains, The Astrophysical Journal 333 (1988) 848.

[3] B.T. Draine1 and P.J. Flatau, J. Opt. Soc. Am. A 11 (1994) 1491.

[5] M. J. Collinge et B. T. Draine, Discrete-dipole approximation with polarizabilities that account for both finite wavelength and target geometry, J. Opt. Soc. Am. A, 21 (2004) 2023.

[6] W. T. Doyle, Optical properties of suspension of metal spheres. Physical review B 39 (1989) 9852.

[7] C. E. Dungey et C. F. Bohren, Light scattering by non spherical particles - A refinement to the coupled-dipole method, J. Opt. Soc. Am. A 8 (1991) 81.

[8] H. Okamoto, Light scattering by clusters : the a1-term method, Optical Review 2-6 (1995) 407.

[9] H. Okamoto et Y. Xu, Light scattering by irregular interplanetary dust particles, Earth Planets Space 50 (1998) 577.

Synthèse et Caractérisation de Nanoparticules Métalliques vers la Nanomédecine

L'objectif essentiel de notre travail a consisté à synthétiser des nanoparticules d'or monodisperses, stables en conditions physiologiques et des nanoparticules hybrides type Au@MO (où MO = Fe_3O_4 ou ZnO) pour des applications biomédicales, en magnétoplasmon ou en photocatalyse. La stratégie adoptée est fondée sur l'utilisation du procédé polyol comme méthode de synthèse par chimie douce. L'étude des propriétés optiques des nanoparticules élaborées a été réalisée essentiellement par spectroscopie de diffusion Raman.

Dans un premier lieu, nous avons préparé des nanotriangles d'or stabilisées par le polyvinylpyrrolidone (PVP), ceci en contrôlant plusieurs paramètres de synthèse à savoir le rapport PVP/AuIII, la température et la nature du surfactant. Par la suite, nous avons étudié leurs propriétés plasmoniques et de diffusion Raman exaltée de surface ce qui nous a permis d'éclairer la dynamique des interactions PVP-Au. Les mesures préliminaires d'hyperthermie sur des particules d'or de 100 nm montrent un pouvoir chauffant intéressant.

La deuxième partie de notre travail a été consacré à la synthétise de nanoparticules hybrides Au-Fe_3O_4 en adoptant la stratégie "one pot". Les expériences Raman-SERS révèlent la structure fine de ces particules. Une étude Raman-SERS de la transition de la phase magnétite (Fe_3O_4) en hématite (α-Fe_2O_3) est détaillée.

La dernière partie de ce travail est consacrée à la synthèse de nanoparticules hybrides Au-ZnO par la stratégie "one pot". Les propriétés plasmoniques sont étudiées par spectroscopie d'absorption et sont soutenues par des simulations numériques. Les particules élaborées présentent une forte résonance plasmonique qui peut être intéressante pour des applications photocatalytiques.

Mots-clés : Nanoparticules d'or, Nanomatériaux hybrides, Polyol, Plasmonique, Raman, Hyperthermie.

Synthesis and Characterization of Metal Nanoparticles to Nanomedicine

The main objective of our work was to synthesize monodisperse gold nanoparticles, stable under physiological conditions and hybrid nanoparticles such as Au@MO (where MO = ZnO or Fe_3O_4) for biomedical applications, magnétoplasmon or photocatalysis. The strategy is based on using the polyol process as a method of synthesis by soft chemistry. The study of the optical properties of nanoparticles was performed essentially by Raman spectroscopy.

Firstly, we have prepared single-crystalline triangular gold nanoplates (Tr-AuNPs) with well-defined shape and tunable size by polyvinylpyrrolidone (PVP) by controlling several parameters (the molar ratio of PVP to AuIII, temperature and the nature of the surfactant). Thereafter, we studied their properties and plasmon-enhanced Raman scattering surface which allowed us to clarify the dynamics of interactions PVP-Au. Preliminary hyperthermia mesearement on gold nanoparticles of 100 nm show an interesting heating power.

The second part of our work, we have reported the synthesis of hybrid Au-Fe_3O_4 nanoparticles using a novel one-pot process, and have studied their plasmonic and SERS related properties as well as their phase transition properties. By combining SERS experiments and numerical simulations of the plasmonic near fields, we were able to investigate the fine structure of the Fe_3O_4 shell. By changing the laser intensity, we have investigated the transformation of the magnetite Fe_3O_4 shell into maghemite and hematite (α-Fe_2O_3).

The last part of this work is devoted to the synthesis of hybrid Au-ZnO nanoparticles with a narrow size distribution, a controlled morphology and a high crystalline quality using the one pot polyol process, without adding any other reagents, template or complex metal ligand. Optical extinction measurements combined with numerical simulations showed that the Au-ZnO nanoparticles exhibit a localized surface plasmon resonance (SPR) clearly red shifted with respect to that of bare Au nanoparticles (AuNPs).

Keywords: Gold nanoparticles, Hybrid nanomaterials, Polyol, Plasmonics, Raman, hyperthermia.

Oui, je veux morebooks!

i want morebooks!

Buy your books fast and straightforward online - at one of world's fastest growing online book stores! Environmentally sound due to Print-on-Demand technologies.

Buy your books online at
www.get-morebooks.com

Achetez vos livres en ligne, vite et bien, sur l'une des librairies en ligne les plus performantes au monde!
En protégeant nos ressources et notre environnement grâce à l'impression à la demande.

La librairie en ligne pour acheter plus vite
www.morebooks.fr

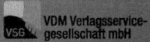

VDM Verlagsservicegesellschaft mbH
Heinrich-Böcking-Str. 6-8   Telefon: +49 681 3720 174   info@vdm-vsg.de
D - 66121 Saarbrücken   Telefax: +49 681 3720 1749   www.vdm-vsg.de

Printed by Books on Demand GmbH, Norderstedt / Germany